österreichische architektur der
fünfziger jahre
fotografiert von stefan oláh

VERLAG ANTON PUSTET

österreichische architektur der
FÜNFZIGER JAHRE
fotografiert von stefan oláh

Für Lisa und Arthur

Inhaltsverzeichnis

8   Anmerkungen zur Aktualität dieses Fotobuches
    Bruno Maldoner

12 Vom Südbahnhof zum Parlament (via Imst und Erl)
    Stefan Oláhs Fotografien der Architektur der Fünfzigerjahre
    Sebastian Hackenschmidt

22 Eine Reise in Bildern
    Stefan Oláh im Gespräch mit Wojciech Czaja

29 Bildteil

144 „Sauber und kultiviert" –
    Architektur in den „langen Fünfzigerjahren"
    Vom Wiederaufbau zum Wirtschaftswunder
    Helmut Lackner

150 Das 20er Haus in Linz
    Zurück in die Zukunft mit Andrea Bina und Lorenz Potocnik

160 Gelassene Eleganz
    Assoziationen zum „Typischen" in der Architektur der Fünfzigerjahre
    Gabriele Kaiser

166 Ein Nachruf auf Thermolux, Durofol & Co
    Denn ihre Werke folgen ihnen nach. (Joh, Off)
    Martina Griesser-Stermscheg

29	Bildteil
29	Südbahnhof Wien
39	Hotel Prinz Eugen Wien
45	20er Haus Wien
53	Nationalbank Linz
59	Kammerspiele Linz
65	Schneidersalon Bernschütz Graz
69	NEWAG-Elektrizitätswerk St. Pölten
77	Paracelsusbad Salzburg
81	Passionsspielhaus Erl
87	Kraftwerk Imst
93	Gartenbaukino Wien
99	Wien Museum
107	Sender Bisamberg
113	Strandbad Gänsehäufel Wien
121	Bundeskanzleramt Wien
129	Parlament Wien

Anmerkungen zur Aktualität dieses Fotobuches

Bruno Maldoner

Sendesaal Bisamberg

Als historische Zeugen tragen Bauten der Nachkriegsmoderne bedeutend zum Verständnis unserer Gegenwart bei. Denn die Moderne bemühte sich, soziale Verbesserungen, technischen Fortschritt und ästhetische Neuerungen miteinander zu verbinden. Bei näherer Betrachtung wird man zum Staunen ob des Optimismus der Verantwortlichen angeregt[1], welcher nach dem Zusammenbruch 1945 scheinbar unverdrossen wieder neues Beginnen ermöglichte oder bereits Begonnenes in neuem, demokratischem Geist weiterführte. Während der Jahre 1938 bis 1945 waren Verbindungen zum internationalen Architektur- und Baugeschehen nahezu unmöglich. Nach 1945 bestand für die Bauschaffenden ein Anliegen darin, den Anschluss an das internationale Geschehen wieder zu finden und neue Kontakte zu knüpfen. In diesem Zusammenhang ist daran zu erinnern, dass Österreich bis Oktober 1955 in vier Besatzungszonen aufgeteilt war, eine Tatsache, welche sich neben der Orientierung auch auf das Baugeschehen auswirkte. Bei Projektierung und Abwicklung von Bauten erwiesen sich insbesondere die Materialbeschaffung und die Versorgung mit Betriebsstoffen als schwierig.

Aus heutiger Sicht, also aus größerer zeitlicher Distanz, werden aber auch Schwächen der Bauten dieser Epoche deutlich. Denn die Bauwerke zeigen vielfach Spuren von Abnutzung und Alterung und es mag manchmal auf den ersten Blick nicht leicht sein, ihre tatsächliche Bedeutung einzuschätzen. Doch um die Werke beurteilen zu können, muss man sie vorher mit ihren vielen Facetten wahrnehmen.

Die in diesem Buch von Stefan Oláh fotografisch meisterhaft dokumentierten Bauwerke lassen die Mühen bei ihrer Errichtung kaum mehr erkennen. Wir können bei genauem Hinsehen aber die maximal genutzten Chancen, den ungeheuren Fleiß, den Willen zu sorgfältiger Materialwahl und zu Qualitätsarbeit erahnen.

Die Fotodokumente bilden ihrerseits Zeugnisse geduldigen Hinschauens und intensiver Analyse, getragen vom Bemühen, bauliche und räumliche Qualitäten deutlich

---

[1] Vgl.: Eduard F. Sekler: Europäische Architektur seit 1945, in: Der Aufbau, 7. Jg., Nr. 6, Wien 1952, S. 213–234.

zu machen. In ihnen erschließen sich anhand oft überraschender Perspektiven neue Zugänge zum Verständnis von Funktion und Formgebung der abgebildeten Bauwerke. Folgt aus der Dokumentation ein besseres Verständnis für die Aufgaben der Denkmalpflege beim Baubestand der Nachkriegsmoderne? Die Denkmalpflege sieht sich heute vor die Aufgabe gestellt, adäquate Lösungen für als wichtig erkannte Bauten und Anlagen aus dieser Zeit zu entwickeln und diese ihrer jeweiligen Bedeutung entsprechend in dem Zustand zu erhalten, der gegenüber zukünftigen Generationen verantwortet werden kann.

Die hier vorgelegten Fotodokumente erweisen sich als geeignet, unseren Blick zu erweitern und zu schärfen. Nicht zuletzt aus diesem Grund ist dem Buch große Verbreitung zu wünschen.

Juli 2011

Südbahnhof, Tabak-Trafik

Vom Südbahnhof zum Parlament (via Imst und Erl)
Stefan Oláhs Fotografien der Architektur der Fünfzigerjahre
Sebastian Hackenschmidt

Südbahnhof, Haupteingang

Architekturfotografie: Die Umwandlung der Welt in Bilder

Die besondere Eignung der Fotografie für die dokumentarische Aufnahme von Bauwerken wurde schon bald nach ihrer Erfindung im 19. Jahrhundert vermerkt und anerkannt: „Im Gebiete der Architektur-Zeichnung leistet die Daguerreotypie Vorzügliches", hieß es etwa in einem Beitrag über „Die Photographie" im Austria-Kalender von 1846 – nur wenige Jahre, nachdem Louis Daguerre sein fotografisches Verfahren bis zur Praxistauglichkeit weiterentwickelt und 1839 an der Pariser Akademie der Wissenschaften der Öffentlichkeit vorgestellt hatte. Überraschend ausführlich berichtete der Austria-Kalender über einige technische Aspekte dieses Verfahrens:

„[D]ie Richtigkeit der Perspektive, die Ausführung der Details ist vollkommen zu nennen, wenn nur die Lokalität einen günstigen Standpunkt zu nehmen erlaubt; freilich kommt man öfter in den Fall, Gegenstände aufzunehmen, wo der freie Künstler sich einen idealen Standpunkt, als den günstigsten wählt, weil die Ansicht von allen den Punkten, welche ihm wirklich zu Gebote stehen, aus irgend einem Grund den Regeln der Kunst nicht entspricht; in dieser Beziehung ist der Daguerreotypist an die Scholle gebunden. Bei der Aufnahme der Karlskirche z.B., wenn sie den Raum eines ganzen Bildes einnehmen soll, kann man sich bloß auf der Wiese aufstellen, die Camera muß, um diesen hohen Gegenstand ganz zu fassen, schief gestellt werden, daher wegen der Neigung der Projectionsebene gegen den vertikalen Gegenstand die beiden Säulen zusammenlaufen; dasselbe findet im umgekehrten Sinne statt, wenn man von einem hohen Thurme die Ansicht eines Theiles der Stadt aufnimmt; da convergieren nämlich die Vertical-Linien nach unten. Ich erwähne dieses Fehlers bloß, weil sie dem geübten Auge des Künstlers auffallen, diese Unregelmäßigkeiten sind aber meistens so gering, daß sie wohl übersehen werden können, am besten

1 A. Martin: Die Photographie (1846), zit. nach: Hans Frank: Vom Zauber alter Lichtbilder. Frühe Photographie in Österreich 1840–1860, Wien u.a. 1981, S. 88–90 hier 89.

ist der Standpunkt gewählt, wenn man sich ziemlich in der Mitte des aufzunehmenden Objectes gegenüber befindet ..."¹

Wenn die ortsgebundene Einstellung des Fotografen hier gegen den idealen Gesichtspunkt ausgespielt wird, den der Künstler einzunehmen in der Lage sei, wird die Fotografie zunächst in ein Konkurrenzverhältnis mit der Kunst gestellt. Als neues und noch nicht bewährtes Bildmedium musste sich die Fotografie im Kampf um Aufmerksamkeit und Bestätigung zunächst theoretisch, thematisch und stilistisch an den tradierten Vorbildern der Hochkunst messen lassen, bevor sie sukzessive ihre eigenen Gesetzmäßigkeiten postulieren und ergründen konnte und sich im Verlauf des 20. Jahrhunderts als eigenständiges Medium unter den Bildenden Künsten zu etablieren vermochte. Zwar beschäftigt der Kunststatus den Diskurs über Fotografie bis in die Gegenwart, doch gelten uns heute viele Fotografien ganz selbstverständlich als Kunstwerke – und spätestens seit den konzeptuell-typologischen Fotodokumentationen von Industriebauten durch Bernd und Hilla Becher zählen dazu auch dokumentarische Architekturfotografien.² Dass aber in den kritischen Ausführungen des Austria-Kalenders von 1846 den Daguerreotypien ein „Kunstwerth im engeren Sinne des Wortes" noch prinzipiell abgesprochen wurde,³ ist symptomatisch für die Auffassung der Fotografie als rein mechanisches Transkriptionsmedium, wie sie im 19. Jahrhundert weit verbreitet war: Die vermeintlich nur maschinelle, dafür aber technisch-präzise Umwandlung der Welt in Bilder wurde schlechthin als „dokumentarisch" begriffen und häufig mit der Reflektion eines Spiegels verglichen, der unweigerlich einen Realitätseffekt erziele.⁴ Entsprechend wurde die Zuverlässigkeit des fotografischen Apparats hinsichtlich der „Wahrheit in der Ausführung der kleinsten Details" und der „Richtigkeit der Vertheilung von Licht und Schatten" im Austria-Kalender von 1846 ausdrücklich gelobt.⁵

Vor allem die dokumentar-fotografischen Detailansichten haben dabei einen gänzlich neuen Blick auf die Architektur ermöglicht: Indem diese Nahaufnahmen einzelne Teilstücke aus ihrem Zusammenhang herauslösten, fragmentierten sie zwar gewissermaßen die Gebäude, doch machten sie zugleich bauplastische Einzelheiten sichtbar, die vom Betrachter der Architektur mit bloßem Auge nicht zu erkennen waren, und stellten sie einem vergleichenden und kritisch differenzierenden Sehen zur Verfügung. So entdeckte selbst John Ruskin, der technischen Neuerungen eher

---

2 Angesichts der Vielfalt ihrer verschiedenen Ausdrucksmöglichkeiten und Gebrauchsweisen sollten sich fotografische Bilder allerdings längst nicht mehr unbedingt durch einen künstlerischen Wert legitimieren müssen. Vgl. dazu Abigail Solomon-Godeau: Tunnelblick, in: Herta Wolf (Hg.): Paradigma Fotografie. Fotokritik am Ende des fotografischen Zeitalters Bd. 1, Frankfurt a. M. 2002, S. 334–345.
3 A. Martin 1981, wie Anm. 1.
4 Obwohl die überwiegende Verwendungsweise von Fotografien im 19. Jahrhundert dokumentarischen Charakter hatte, fand der Begriff des Dokumentarischen erst Ende der 1920er-Jahre Anwendung auf die Fotografie. Indes ist die Kategorie des Dokumentarischen selbst nur schwer zu fassen – vereint sie doch so unterschiedliche Funktionen wie die sozial engagierte Fotografie, die Natur-, Reise- und Astrofotografie sowie Einsatzgebiete, die sich auch auf Sportreportagen, kriminologische Beweisaufnahmen oder die Überwachung von Gebäuden mittels elektronischer Kameras erstrecken. Vgl. Abigail Solomon-Godeau: Wer spricht so? Einige Fragen zur Dokumentarfotografie, in: Herta Wolf (Hg.): Diskurse der Fotografie. Fotokritik am Ende des fotografischen Zeitalters Bd. 2, Frankfurt a. M. 2003, S. 53–74.
5 A. Martin 1981, wie Anm. 1.

skeptisch gegenüberstand, bei der langwierigen und mühevollen zeichnerischen Erfassung der byzantinischen und gotischen Bauwerke Venedigs den – mit vergleichsweise geringem Arbeitsaufwand zu erzielenden – „überragenden Wert der Fotografie für Zwecke der Architekturaufnahme."[6] Dokumentarische Aufnahmen bauplastischer Ausstattungen und ornamentaler architektonischer Details sollten schließlich auch zu integralen Bestandteilen von André Malrauxs Imaginärem Museum werden – „einer potentiell vollständigen Sammlung der Artefakte der Welt", bestehend aus den fotografischen Reproduktionen der kulturgeschichtlich relevanten Kunstwerke und Denkmäler.[7] Freilich waren es Einrichtungen wie die bereits 1837 in Frankreich ins Leben gerufene Commission des Monuments historiques oder die 1885 gegründete Königlich Preußische Messbildanstalt, die sich ganz konkret dem Fortbestand historischer Monumente „im und als Bild" widmeten.[8] Nach Albrecht Meydenbauer, der als Leiter der Königlichen Messbildanstalt in Berlin eine Art Weltdenkmälerarchiv einzurichten versuchte, bestand das Charakteristikum und Ziel der Messbildfotografie darin, auch „nach 100 Jahren ein Bauwerk in Grund- und Aufriß mit allen Einzelheiten" noch rekonstruieren zu können – selbst wenn es schon „vom Erdboden verschwunden ist."[9] Die Architekturfotografie, deren Bilder die Existenz von Bauwerken und Denkmälern, von Fassadendetails und Inneneinrichtungen über räumliche und zeitliche Entfernungen hinweg bezeugte, diente auf diese Weise einer „bildarchivalischen Aneignung der Welt."[10] Dabei war es durchaus auch eine Auffassung des 19. Jahrhunderts, die Wirklichkeit durch die Archivierung fotografischer Aufnahmen ersetzen zu können und durch die Aufbewahrung der materiellen Spur den Gegenstand letztlich überflüssig werden zu lassen: „Hat man erst einmal hinreichend Bilder gesammelt und archiviert, so ist der Gegenstand nicht mehr erforderlich, er kann verschwinden."[11]

Südbahnhof, Handlauf Detail

Die Architektur der Fünfzigerjahre: Zaghaft, aber besser als ihr Ruf

Wenn heute so manchem bereits verschwundenen Gebäude nachgetrauert wird, zeigt sich, dass in den Archiven häufig keineswegs „hinreichend Bilder" vorhanden sind, um noch eine adäquate Vorstellung davon zu vermitteln oder gar eine Rekonstruktion zu ermöglichen. Denn bei Weitem nicht alles, was uns zum gegenwärtigen Zeitpunkt relevant und aufschlussreich erscheint, ist in der Vergangenheit auch entsprechend fotografisch festgehalten worden – ebenso wie umgekehrt zahlreiche hervorragend dokumentierte Bauwerke in den Archiven und Bibliotheken in

6 Wolfgang Kemp: John Ruskin. Leben und Werk 1819-1900 (1983), Frankfurt a. M. 1987, S. 148f.
7 Rosalind Krauss: Das Schicksalsministerium, in Wolf 2002, wie Anm. 2, S. 389–398, hier 391.
8 Herta Wolf: Das Denkmälerarchiv Fotografie, in Wolf 2002, wie Anm. 2, S. 349–375, hier 356.
9 Albrecht Meydenbauer (1894), zit. nach: Ebd.
10 Bernd Stiegler: Bilder der Photographie. Ein Album photographischer Metaphern, Frankfurt a. M. 2006, S. 22.
11 Ebd., S. 21.

Vergessenheit geraten, weil sie auf keinerlei Interesse mehr stoßen. Auch in Zukunft wird sich wohl nur von Fall zu Fall entscheiden lassen, ob eine abgerissene, zerstörte oder baulich stark veränderte Architektur „zu Lebzeiten" aussagekräftig – oder überhaupt – fotografisch dokumentiert worden ist. Dies gilt nicht zuletzt auch für die ungeliebte österreichische Architektur der Fünfzigerjahre: Viele charakteristische Bauwerke aus dieser Zeit gehören bereits unwiederbringlich der Vergangenheit an, ohne dass noch die Chance bestünde, sich ein genaueres „Bild" von ihnen zu machen. Die Fünfzigerjahre-Architektur steht generell in dem Verdacht, sich vor allem der Notwendigkeit des schnellen und billigen Wiederaufbaus nach dem Zweiten Weltkrieg zu verdanken; inzwischen hat sie aber häufig dasselbe Schicksal ereilt, das sie ehemals selbst vielen Bauwerken der Vorkriegszeit bereitete, die angeblich nicht mehr zu reparieren oder zu adaptieren waren und die im Zuge des sogenannten „Aufbaus" vermeintlich moderneren und „zeitgemäßeren" Bauten Platz machen mussten.

Die Fünfzigerjahre gelten nicht unbedingt als Höhepunkt der österreichischen Architekturgeschichte; sie stehen in einer Bautradition, die sich schon in der Zwischenkriegszeit zwischen moderater Modernität und reaktionärer Heimatverbundenheit eingependelt und nach 1945 im Aufbau kontinuierlich fortgesetzt hatte. Den städtebaulich-soziologischen Aufgaben des Wiederaufbaus waren die nicht emigrierten und während des Nationalsozialismus in Österreich verbliebenen Architekten allerdings nicht wirklich gewachsen; man beschränkte sich daher im Wesentlichen „auf die konzeptlose Schließung von Baulücken", wie Ottokar Uhl bereits 1966 in seinem Buch über die „Moderne Architektur in Wien" kritisch anmerkte – denn: „In den maßgebenden öffentlichen Stellen saßen nicht jene Leute, die unter allen Umständen versucht hätten, die überlebenden und emigrierten Architekten zu berufen und zu einem Durchdenken der Probleme und zu einer Planung auf weite Sicht, die bei beschränkten Mitteln um so [sic] notwendiger gewesen wäre, heranzuziehen."[12] Auch nach Einschätzung Friedrich Achleitners fehlte in Wien nach 1945 „das fortschrittliche Potential in der Architektur", da die wirkenden Architekten „in ihren theoretischen Fundamenten verunsichert oder stark irritiert" waren – doch bewertet er diese „Gebrochenheit der Avantgarde" nicht nur negativ: „Es entstanden zumindest keine sogenannten konsequenten und radikalen Lösungen, und in manchen Fragen, etwa in der Behandlung der historischen Substanz, ging man mit erstaunlicher

12 Ottokar Uhl: Moderne Architektur in Wien von Otto Wagner bis heute, Wien/München 1966, S. 90.
13 Friedrich Achleitner: Wiederaufbau in Wien, Innere Stadt (1985), in. Ders.: Wiener Architektur. Zwischen typologischem Fatalismus und semantischem Schlamassel, Wien/Köln/Weimar 1996, S. 120–133, 124.

Einfühlung vor."¹³ So sei die Architektur der Fünfzigerjahre doch „Besser als ihr Ruf", wie Achleitner in einem so betitelten Aufsatz von 1982 anmerkte: „Vielleicht hat man nach den Entgleisungen der fetten Sechzigerjahre und dem darauf folgenden Ölschock etwas mehr Verständnis für die, sicher durch die Umstände erzwungene, Bescheidenheit dieser Architektur, mit ihren leicht abgetragenen Resten aus der Baukultur der Zwischenkriegszeit, ihrem naiven Optimismus und dem Glauben an die moralische Kraft der Form."¹⁴

Angesichts der Zurückhaltung – oder vielmehr: Zaghaftigkeit – der österreichischen Fünfzigerjahre-Architektur kann es Stefan Oláh mit seinen Fotografien für dieses Buch kaum darum gehen, spektakuläre Bauten und architektonische Meisterwerke ins Bild zu bringen: Nimmt man die internationale Architektur dieser Zeit mit den eindrucksvollen Bauwerken von Alvar Aalto, Mies van der Rohe, Le Corbusier, Frank Lloyd Wright, Louis Kahn, Eero Saarinen, Pier Luigi Nervi und dem Umfeld des Team 10 oder auch die Experimente Buckminster Fullers zum Maßstab, dann sind, mit Ausnahme vielleicht des zwischen 1948 und 1950 von Max Fellerer und Eugen Wörle erbauten Strandbads Gänsehäufel sowie Karl Schwanzers Österreichischem Pavillons von der Weltausstellung in Brüssel 1958, der 1962 in Wien als Museum des 20. Jahrhunderts – als 20er Haus – wiedereröffnet wurde, keine wirklich „hervorragenden" Bauwerke vertreten. Mit Oswald Haerdtl (Repräsentationsräume des Bundeskanzleramts, 1948, und Direktionsbüro des Historischen Museums der Stadt Wien, 1953–59), Georg Lippert (Hotel Prinz Eugen in Wien, 1957/58), Clemens Holzmeister (Kammerspielsaal im Landestheater in Linz, 1954–58), Erich Boltenstern und Eugen Wachberger (Nationalbank in Linz, 1953) oder dem Kinoarchitekten Robert Kotas (Gartenbaukino in Wien, 1960) werden aber Bauten und Einrichtungen einiger wesentlicher Architekten des Aufbaus gezeigt. Einige zentrale Positionen, die für die österreichische Architektur der Nachkriegszeit als wegweisend gelten – und deshalb bereits bestens dokumentiert sind –, allen voran die Position Roland Rainers (Stadthalle, 1954–58, und Böhler-Haus, 1958, in Wien) und die der Arbeitsgruppe 4 (Parscher Kirche in Salzburg, 1953–56), wurden dabei bewusst ausgespart, ebenso wie einige der bekannteren und gleichfalls gut dokumentierten Bauten, die üblicherweise mit den Fünfzigerjahren in Österreich in Verbindung gebracht werden, etwa der 1955 fertiggestellte Ringturm von Erich Boltenstern oder der von 1949 bis 1954 nach Plänen von Robert Hartinger, Sepp Wöhnhart und Franz Xaver

Hotel Prinz Eugen

14 Friedrich Achleitner: Besser als ihr Ruf. Zur Architektur der fünfziger Jahre (1982), in: Ders. 1996, ebd., S. 111–117, 116.

Parlament, Detail

15 Diese beiden Fotografinnen hatten sich bereits zu Beginn der Fünfzigerjahre auch dem Thema der Architektur der Fünfzigerjahre angenommen; vgl. dazu den Ausst.-Kat.: Die Form der Zeit, Architektur der 50er Jahre, 2 Bde., hrsg. von Gang Art, Böhler-Haus, Wien 1992.
16 Vgl. dazu etwa den Ausst.-Kat.: Moderat Modern. Erich Boltenstern und die Baukultur nach 1945, hrsg. von Judith Eiblmayr und Iris Meder, Wien Museum, Wien / Salzburg 2005.

Schlarbaum erbaute und inzwischen unter Denkmalschutz gestellte Westbahnhof in Wien. Und wie schon angedeutet, sind viele wichtige Gebäude dieser Zeit bereits vor Jahren dem „Zahn der Zeit" – vornehmlich in Form abgefeimter Immobilieninteressen – zum Opfer gefallen: in Wien etwa Haerdtls Messepavillon Felten & Guilleaume (1953) und seine Einrichtung des Espresso Arabia (1951), das Steyr-Haus von Carl Appel (1955/56), das Haas-Haus von Appel, Fellerer und Wörle (1951–53) sowie das Lehrlingsheim (Rainer, 1952/53) und das Mädchenheim (Carl Auböck und Friedrich Lang, 1957–59) der Wiener Arbeiterkammer; in Linz Wachbergers Schiffsanlegestelle der DDSG (1955/56) und in Salzburg das alte Kongresshaus von Fellerer, Wörle, Otto Prossinger und Felix Cevela (1953–57); verschwundene Bauten, von denen einige immerhin rechtzeitig – und zum Teil von so ausgezeichneten Architekturfotografinnen wie Lucca Chmel oder Margherita Spiluttini[15] – dokumentiert wurden.

Die Gegenwart der Fünfzigerjahre-Architektur: Die Fotografien von Stefan Oláh
Nach kaum mehr als einem halben Jahrhundert stellt die Architektur der Fünfzigerjahre also ein äußerst fragiles architektonisches Erbe dar, auch wenn sich seit ein paar Jahren ein Bewusstsein für die stille Effizienz und die unaufdringliche Qualität vieler Bauwerke aus dieser Zeit zu bilden begonnen hat.[16] Entsprechend nahm der Fotograf Stefan Oláh 2008 den bereits laufenden Umbau des 20er Hauses, die geplante Sanierung des Plenarsaals des Parlaments von Fellerer und Wörle (1955/56) sowie den bevorstehenden Abriss des Südbahnhofs von Heinrich Hrdlicka (1955–61) zum Anlass, sich mit der Fünfzigerjahre-Architektur auseinanderzusetzen und die Gebäude vor ihrem Verschwinden beziehungsweise ihrer Um- und Neugestaltung nochmals gründlich zu dokumentieren. Je nach Größe und Bedeutung der Bauwerke oder ihrer Einrichtung entstanden dabei umfangreiche Bilderserien, von denen das vorliegende Buch verständlicherweise nur einen repräsentativen Ausschnitt zeigen kann. Das Buchprojekt versteht sich aber keinesfalls als Dokumentation der Höhepunkte einer an Höhepunkten armen Zeit, sondern will den gegenwärtigen Umgang mit der Architektur der Fünfzigerjahre in möglichst vielen – und eben auch vielen unbekannten – Facetten wiedergeben; folglich wurden für diesen Band auch einige weniger bekannte, aber nicht minder abbildungswürdige und erhaltenswerte Gebäude und Interieurs dieser Zeit ausgewählt, die bislang noch nicht in vergleichbarer Konsequenz fotografiert worden waren. Und obwohl der Schwerpunkt eindeutig auf der Bundeshauptstadt Wien liegt, hat der Wiener Fotograf Oláh auch

viele andere österreichische Bundesländer bereist und teils überraschende Bauwerke ausfindig gemacht; so den Schneiderladen Bernschütz von Karl Hütter (1958) in Graz, das Paracelsusbad von Josef Hawranek (1953–57) in Salzburg und in Tirol das Inn-Kraftwerk in Imst von Robert Steiner (1953–56) sowie das Passionsspielhaus in Erl von Robert Schuller (1956–59).

In seinen Fotografien fokussiert Stefan Oláh auf das, was ihm nicht nur für das jeweilige Gebäude und seine Ausstattung als charakteristisch und wesentlich erscheint, sondern auch für den Stil der Fünfzigerjahre. Klarerweise finden sich darunter viele zeittypische Elemente, etwa die Terrazzoböden und Kachelmosaike, die Wandverkleidungen aus Holz und Stein, die Treppenhäuser mit ihren ausgeprägten Handläufen, die dekorative Ausstattung mit Spiegeln, Lampen und Möbeln in den spezifischen Formen – überhaupt die gesamte Materialität der Gebäudeausstattung und Inneneinrichtung, die noch etwas von der handwerklichen Gediegenheit spüren lässt, die mit der zunehmenden Verbreitung von Industrieprodukten in der Nachkriegszeit immer seltener in vergleichbarer Qualität wie vor dem Krieg zu finden war. Die fotografischen Aufnahmen dieser Bauteile und Details vermitteln zugleich das Verstreichen der Zeit; sie lassen sozusagen die „gegenwärtige" Architektur der Fünfzigerjahre erkennen, denn Oláh ist sich durchaus bewusst, dass sich die Ensembles seit ihrer Entstehung in permanenter Veränderung befinden: Längst weisen sie Alterserscheinungen, Schadstellen und Patina auf, es haben kleinere und größere Umbauten, Eingriffe und „Behübschungen" stattgefunden, Fassaden oder Interieurs – unlängst etwa das Direktionsbüro des Wien Museums – sind renoviert oder restauriert worden und einige Gebäude wurden durch den Denkmalschutz quasi musealisiert, ohne dass sie dadurch aber – wie das aktuelle Beispiel des 20er Hauses zeigt – vor schwerwiegenden Eingriffen in die ursprüngliche Bausubstanz und gestalterische Intention geschützt wären.[17]

Oláh stellt die Fotografie in den Dienst der Architektur, ohne dabei selbst einen künstlerischen Anspruch zu formulieren: Er betrachtet seine Fotografien als „angewandte" Fotografie; sie muss handwerklich perfekt sein und den von einer Dokumentation geforderten Informationsgehalt erfüllen. Folglich strebt Oláh eine möglichst nüchterne, dem natürlichen Sehen entsprechende Wiedergabe an und versucht, die Architektur auf seinen Bildern so zu zeigen, wie sie ist. Er fordert konventionelle

[17] Das gilt in gewisser Weise auch für den Westbahnhof, dessen innere Umgestaltung ohne jegliches Gespür für bauliche Proportionen und Materialverwendung mindestens ebenso schwer wiegt wie die Umbauung der alten Bahnhofshalle mit neuen Gebäudeteilen. Dagegen werden andere Gebäude, etwa das Josef-Afritsch-Heim – die ehemalige „Internationale Kulturstätte Hörndlwald" – von Adolf Hoch, Rudolf Böck und Julius Bergmann (1949–1950) einfach sich selbst und damit dem Verfall überlassen. Vgl. http://www.graustufe.at/galleries/20081123_jah/index.html (Juli 2011).

Sehgewohnheiten nicht durch Effekte oder fotografische „Experimente" heraus, sondern erfüllt die Gestaltungskonventionen der dokumentarischen Architekturfotografie, die spezifische architektonische Qualitäten von Bauten und Inneneinrichtungen zum Ausdruck bringen soll, ohne der Wirkung des Gesamtkontextes auf den Betrachter zu widersprechen und eine künstliche Stimmung zu erzeugen. Es muss freilich zugegeben werden, dass ein Benutzer oder Betrachter dieser Bauten und Interieurs nur selten einen so perfekten Standort einnimmt, wie es dem Fotograf mit seinen Aufnahmen gelingt – hier sei nur auf einige Aufnahmen des leeren 20er Hauses verwiesen. Eine unterschwellige Ästhetisierung und Auratisierung der Architektur, zumindest aber eine Geometrisierung und Rhythmisierung der Bauteile und Perspektivlinien ist bei der formalen Bildgestaltung zudem so gut wie immer vorhanden. So entsprechen Oláhs Aufnahmen in mancher Hinsicht dann auch weniger dem menschlichen Auge als vielmehr einem bereits gedanklich geleiteten Sehen, durch das beispielsweise die fallenden perspektivischen Linien begradigt oder ausgeblendet werden.

Die im eingangs zitierten Beitrag über „Die Photographie" im Austria-Kalender von 1846 anhand der Wiener Karlskirche ausführlich geschilderten fotografischen Fehler lassen sich durch die Verwendung der seither weiterentwickelten und optimierten Objektive weitgehend vermeiden; die von Oláh fast ausschließlich verwendeten statischen Großbildfachkameras erlauben dabei durch ihren stativgebundenen Einsatz nicht nur eine beliebig lange Belichtungszeit – und damit Aufnahmen ohne künstliche Lichtquellen –, sondern können auch den räumlichen Eindruck organisieren, ohne die Perspektivlinien zum Kippen zu bringen. Und wie im Austria-Kalender geschildert, ist die sorgfältige Wahl des Standortes und die präzise Einstellung der Kamera hierbei von entscheidender Bedeutung: Konsequenterweise nimmt sich Oláh viel Zeit, um sich auf die Proportionen des Raums und die Funktion der Architektur einzulassen und ein Gefühl für die baulichen Details und die Elemente der Einrichtungen zu entwickeln.

Auch wenn Oláhs Fotografien seriell angelegt sind – eine vernünftige Dokumentation kann natürlich nicht auf einer einzelnen Aufnahme erfolgen –, müssen sie jeweils auch als eigenständiges „Bild" funktionieren. Jede einzelne Fotografie gibt somit den spezifischen Blick des Fotografen und die bewusste Entscheidung für die ästhetische Inszenierung des Bildes wieder – die Auswahl und Einrichtung des Motivs, den Umgang mit Tageslicht und dem Fall der Schatten, mit Raumtiefen und Proportionen und nicht zuletzt das Warten auf den richtigen Moment. Zwar können Farben, Helligkeit und Kontraste bei der Interpretation der Negative in der Druckvorstufe noch abgestimmt werden – Oláh verwendet hier ausschließlich analoges Fotomaterial –, doch zeigen seine Fotografien grundsätzlich den vollständigen Bildausschnitt, der vor Ort aufgenommen wurde. Die Detailaufnahmen ebenso wie die Totalen verlieren dabei das Dokumentarische nicht aus dem Auge, sondern ermöglichen das Begreifen von Architektur: Die Fotografien zeichnen sich durch eine äußerst konzentrierte Form aus, die sich den Betrachtern von selbst erschließt; sie sind sachlich und geordnet, einfühlsam und aufschlussreich, aber nie beiläufig oder lakonisch. Auch Nostalgie und Retro-Kult liegen diesen Bildern fern; vielmehr sind es Aufnahmen, die, indem sie einfach einige mehr oder weniger charakteristische österreichische Gebäude aus den Fünfzigerjahren zeigen, auf eigenartige Weise repräsentativ sind für die Vorstellung, die wir uns – jenseits von stereotypen Nierentischen, Lampen in Tütenform und kunstgewerblichem Nippes aus Keramik, Messing und Bambus – gegenwärtig von dieser Zeit machen. Bei der Rekonstruktion der Architektur der Fünfzigerjahre sind wir bereits heute ganz entscheidend von fotografischen Zeugnissen abhängig, und mit ziemlicher Sicherheit wird die Fotografie als Erinnerungsmedium auch zukünftig eine gewichtige Rolle spielen und das Bildgedächtnis der Nachwelt prägen. Es bleibt nur zu hoffen, dass die Wiener Planungsstadträte, die örtlichen Entwicklungskonzepte der Gemeinden, das Österreichische Bundesdenkmalamt und die internationalen Immobilieninteressen das materielle Erbe dieser Zeit nicht völlig obsolet werden lassen.[18]

Parlament, Plenarsaal, Lichtsteuerung

18 Für Hinweise und Kritik danke ich Claudia Cavallar, Stefan Oláh, Agnes Pluch und Anja Zachhuber.

Eine Reise in Bildern
Stefan Oláh im Gespräch mit Wojciech Czaja

>> Wojciech Czaja: 1957 ist das Buch „Mythen des Alltags" erschienen. Roland Barthes widmet sich darin den Episoden des damals aktuellen Alltagslebens. Wie sieht unser Mythos der Fünfzigerjahre heute aus?
Stefan Oláh: Mythos ist immer eine Generationenfrage. Ich denke, dass Roland Barthes als Schriftsteller und Philosoph damals einer der wenigen war, die im Alltag der Fünfzigerjahre bereits so etwas wie Mythos erkannt haben. Für die meisten anderen war das eine Zeit wie jede andere auch. Erst mit der Zeit verändert sich die Sichtweise auf die Dinge. Meist ist es die Generation der Kinder und Enkelkinder, die einer bestimmten Epoche etwas Mystisches abgewinnen kann.

>> Und? Wie lautet unser Mythos?
In der Architektur und im Design zeichnen sich die Fünfzigerjahre vor allem durch handwerkliche Perfektion aus, etwa durch den Einsatz von Materialien, Farben und Oberflächen. Noch viel stärker ist der Mythos selbstverständlich in der Musik und in der Mobilität. Viele Musikgruppen von damals sind bis heute weltbekannt. Und was die Mobilität betrifft, so denke ich nur an die Filme und Fotografien, in denen Tankstellen eine große Rolle gespielt haben, etwa an das Remake „Die Drei von der Tankstelle" aus dem Jahr 1955. Die Tankstelle war damals ein wichtiges Symbol. Die Leute konnten sich damals nicht nur ein Auto leisten, sondern auch das Tanken. Man hat den Tankvorgang inszeniert, man hat einen Kaffee getrunken, man hat sich der Öffentlichkeit gezeigt. Das ist aus heutiger Sicht definitiv ein Mythos.

>> Sie befassen sich schon seit vielen Jahren mit Gebäuden aus der Zeit zwischen 1950 und 1960. Was ist für Sie persönlich das Faszinierende an dieser Epoche?
Es ist gar nicht so sehr die Architektur an sich, sondern vielmehr ihr allmähliches Verschwinden aus unserem Stadtbild. Viele Gebäude werden heute, aus welchen

Südbahnhof, Detail

Südbahnhof, Detail

Gründen auch immer, nicht mehr gewollt und werden nach und nach demontiert. Innerhalb weniger Wochen wurde der gesamte Südbahnhof abgetragen. Erst die Gleise, dann das Dach, dann die gesamte Bahnhofshalle. Und plötzlich war er weg. Ich bin Fotograf. Ich maße mir daher nicht an, den architektonischen Verlust zu beurteilen. Aber sehr wohl erkenne ich den Verlust von ganz bestimmten Bildern. Aus diesem Grund will ich diese Bauwerke fotografisch festhalten.

» Ihre Bilder sind aber mehr als staubtrockene Fotodokumentation.
Das hoffe ich doch! Ich möchte mit meinen Fotografien Geschichten erzählen. Geschichten über die Zeit, Geschichten über die Gebäude, letztendlich auch Geschichten über uns alle, wie wir das Erbe der Fünfzigerjahre respektieren oder auch nicht.

» Bringen wir diesen Bauwerken wirklich den nötigen Respekt entgegen? Immerhin wurde mit dem Südbahnhof nicht nur ein Gebäude, sondern auch ein großes Symbol vernichtet!
Obwohl ich persönlich ein großer Fan der Fünfzigerjahre bin, verstehe ich die Argumentation der Denkmalschützer natürlich sehr gut. Für den Wiener Südbahnhof gab es keinerlei Nachnutzung. Und sobald so ein Gebäude leer steht, wird es mit der Zeit zwangsweise verkommen und verfallen. Damit ist niemandem geholfen. Gleichzeitig darf man nicht vergessen, dass mit einem öffentlichen Gebäude wie dem Südbahnhof große Erinnerungen verbunden sind. Wer hat auf dem Südbahnhof bei einem Abschied nicht schon mal geweint? Wer hat dort bei einer Ankunft nicht schon mal gelacht? Und manche haben auf dem Südbahnhof den ersten Kuss ihres Lebens bekommen. Natürlich sind das keine rationalen Werte, aber ja, hier wurde ein Symbol zerstört, mit dem ein großer Teil der Bevölkerung ganz bestimmte Erinnerungen verbindet.

» Und wie sieht es mit den rationalen Werten aus?
Ein gutes Beispiel ist die Schneiderei Bernschütz in Graz, ein ganz kleiner Laden, der 1958 errichtet wurde. Josef Bernschütz war in den Fünfzigerjahren der jüngste Schneidermeister Österreichs. Heute ist er der älteste. Er hat die Schneiderei damals bei Architekt Karl Hütter in Auftrag gegeben, und er nützt sein Geschäftslokal bis heute, ohne dass jemals irgendetwas daran verändert wurde. Die Atmosphäre ist wie am ersten Tag, und trotzdem wirkt nichts daran auch nur ansatzweise

museal. Das ist ein gut funktionierender, hochwertig gestalteter Innenraum ohne große Eskapaden. Wenn man so will: Das ist nachhaltige Architektur! So etwas ist heute selten geworden. Die meisten Geschäftsgestaltungen heute halten nicht länger als zehn oder 20 Jahre.

» Fünfzigerjahre und Nachhaltigkeit? Das klingt überraschend!
Ganz und gar nicht! Die Gebäude der Fünfzigerjahre sind oft sogar sehr nachhaltig geplant und errichtet, nur gab es damals noch nicht den passenden Modebegriff dafür. Schauen Sie sich nur einmal das Wasserkraftwerk in Imst an! Die gesamte Anlage stammt aus den Fünfzigerjahren. Was das Bauliche und die Mechanik betrifft, ist alles nach wie vor im Originalzustand erhalten. Sogar die Kugelschieber, also die Steuerung für den Wassereinlass in den Turbinen! Und die Anlage ist immer noch 365 Tage im Jahr in Betrieb.

» Was lernen wir also von den Fünfzigerjahren?
Ich denke, wir lernen eine gewisse Unaufgeregtheit im Umgang mit der Materie. Gleichzeitig lernen wir, dass die Qualität im Umgang mit Raum und Funktion damals eine sehr hohe war. Ich glaube, das wird heute oft unterschätzt.

» In vielen Kulturkreisen haben die Fünfzigerjahre einen großen Stellenwert. In Österreich werden sie meist stiefmütterlich behandelt. Warum?
Die Architektur der Fünfzigerjahre gilt bei uns in erster Linie als Nachkriegsarchitektur. Sie hat das Image des Schnellen, des Pragmatischen, des Effizienten. Damals galt es, innerhalb kürzester Zeit möglichst viel Bauvolumen zu errichten und die Zerstörungen des Zweiten Weltkriegs zu beheben. Das heißt: Die Fünfzigerjahre werden in Österreich zwangsweise mit etwas Schlechtem und Brutalem assoziiert. Bei unseren westlichen Nachbarn in der Schweiz ist das ganz anders: Da sind die Fünfzigerjahre gleichbedeutend und gleichwertig mit jeder anderen Architekturepoche des 20. Jahrhunderts. Das zeigt sich im Stadtbild, im Alltag, aber auch im Umgang mit Sanierung und Revitalisierung. Diese Selbstverständlichkeit vermisse ich in Österreich.

» Für Sie sind die Fünfzigerjahre …
Eine Epoche wie jede andere auch!

Kraftwerk Imst, Kraftkaverne

» Sie passen sich mit Ihrer Fotografie der damaligen Zeit an. Ein digital aufgenommenes Foto wird man in diesem Buch vergeblich suchen.
Ich fotografiere nicht gerne digital, mir ist der langsamere Prozess der analogen Großbildfotografie näher. Außerdem verträgt sich das besser mit der Architektur der Fünfzigerjahre.

» Mit welcher Kamera fotografieren Sie?
Meist fotografiere ich mit einer Linhof Technika. Das ist eine klappbare Laufbodenkamera, die oft auch in der Reise- und in der Landschaftsfotografie verwendet wird. Jeder hat das schon einmal gesehen: Der Fotograf steht in der Gegend herum, die Kamera vor ihm auf einem Stativ, und über seinem Kopf ein schwarzes Tuch, damit er die Mattscheibe besser sehen kann. Eine ganz traditionelle, spannende Technologie! Bis heute wird die Kamera in München von Hand gefertigt.

» Stefan Oláh steht vermummt im Südbahnhof und drückt auf den Auslöser?
Ja, das Einstelltuch ist beim Arbeiten im Freien bei jeder Lichtsituation unerlässlich! Das Wichtigste bei der Linhof ist aber die Tatsache, dass es sich dabei um eine verstellbare Fachkamera handelt, bei der man das Objektiv verstellen kann. Nur so kann man den Fotoausschnitt variieren, ohne dass dabei die vertikalen Linien stürzen. Für mich ganz essenziell ist: Ich brauche eine große Mattscheibe zum Bildgestalten.

» Warum dürfen die Kanten nicht stürzen?
Ich denke, das ist eine Grundsatzfrage. Mir persönlich ist wichtig, den optischen Eindruck eines Gebäudes in der Fotografie nicht zu verfremden. Stürzende Kanten sind meines Erachtens störend und lenken die Aufmerksamkeit auf die Fotografie, anstatt auf das Fotomotiv. Ich will frontal auf das Haus blicken, ich will das Tageslicht nutzen, ich will auf zusätzliche künstliche Lichtquellen verzichten. Meine Fotos sind weder beschnitten, noch manipuliert oder mit Photoshop retuschiert. Da wird nichts weggestempelt und nichts dazugedichtet.

» Sie sind ein Asket!
Ja. Ich arbeite mit langen Verschlusszeiten und viel Geduld. Ich kann mich an eine Aufnahme im Kinosaal des 20er Hauses erinnern, wo es so dunkel war, dass der

Film fast 22 Minuten lang belichtet werden musste. Ich wollte keine zusätzliche Beleuchtung haben, ich wollte nur das reflektierte Licht von der Leinwand nutzen. Das führt zu einer ganz bestimmten, mystischen Raumstimmung, die man mit einer digitalen Schnappschusskamera und eingebautem automatischen Blitz kaum erzeugen kann.

>> Ist das einzig und allein Ihr persönlicher Arbeitsstil, oder ist diese Konsequenz auch für den Betrachter ersichtlich?
Viele Fachleute sehen den Unterschied. Ich kann mir vorstellen, dass ein Laie den Unterschied zwar nicht sieht, aber dass er einen gewissen Zauber in den Fotos spürt.

>> Wie kann man sich einen klassischen Arbeitstag von Ihnen vorstellen?
Das ist sehr unterschiedlich. Am Beginn jedes Fotoprojekts informiere ich mich über die Gebäude und mache mich mit der Bausubstanz vertraut. Also: Ich gehe viel spazieren, überlege Fotomotive und Einstellungen, studiere die Lichtsituation und mache mir Skizzen und Notizen, um mich an bestimmte Orte besser zu erinnern. Erst dann beginnt das eigentliche Fotografieren.

>> Wie lange dauert die Fotodokumentation eines Gebäudes?
Das Langwierigste ist das Einholen von Genehmigungen und Bewilligungen, die bei einigen Bauwerken nötig sind. Das nimmt sehr viel Zeit und sehr viel Kraft in Anspruch. Manchmal kann das auch schon mal Wochen und Monate dauern. Das Fotografieren selbst dauert je nach Objekt, sagen wir einmal, zwischen einem Tag und einer Woche.

>> Die Frage muss einfach sein: Haben Sie ein Lieblingsgebäude aus dieser Zeit?
Mein Lieblingsprojekt ist ohne Zweifel der Plenarsaal im Parlament. Auf den ersten Blick ist das ein sehr schlichter und unscheinbarer Raum. Doch bei näherer Betrachtung fallen einem architektonische und technische Details auf, die fast schon etwas James-Bond-Haftes haben.

>> Und zwar?
Nur ein paar Beispiele: In den Telefonbüros ist der Lichtschalter in den Parkettboden integriert. Man muss sich das wie eine Wippe vorstellen. Sobald man die Tele-

Kraftwerk Imst

Parlament, Plenarsaal, Bundesadler von Rudolf Hoflehner

fonzelle betritt, wird der Boden zum Schalter, und das Licht geht an. Im Plenarsaal selbst gibt es unter jedem Sitz eine eigene Lüftungsklappe, wo die Frischluftzufuhr für jeden Abgeordneten, für jede Abgeordnete individuell gesteuert werden kann. Und bei den Pulten ist jede Stiftablage aus Messing mit einer eigenen Nummerngravur versehen. Ich finde diese Detailliebe und Präzision sehr beeindruckend.

» Wie werden wir die Fünfzigerjahre in Zukunft im Gedächtnis behalten?
Ich glaube, dass wir die Architektur der Fünfzigerjahre noch mehr als heute wahnsinnig verklären werden. In emotionaler Hinsicht ist das zwar sehr schön, auf rationaler Ebene ist das aber ziemlich problematisch, weil dadurch die Realität verfremdet wird.

» Roland Barthes schreibt: „Der Mythos entzieht dem Objekt, von dem er spricht, jede Geschichte."
Ja, das ist das Gefährliche am Mythos! Für viele Menschen sind persönliche Geschichten stärker als das, was wir gemeinhin als Geschichte bezeichnen. Gerade in Fällen, wo die Bauwerke bis zur Unkenntlichkeit umgebaut oder gar abgerissen werden, ist eine fotografische und textliche Dokumentation immens wichtig. Je sachlicher, desto besser. Das wird die einzige Erinnerungsmöglichkeit sein.

Südbahnhof Wien

1951–1960

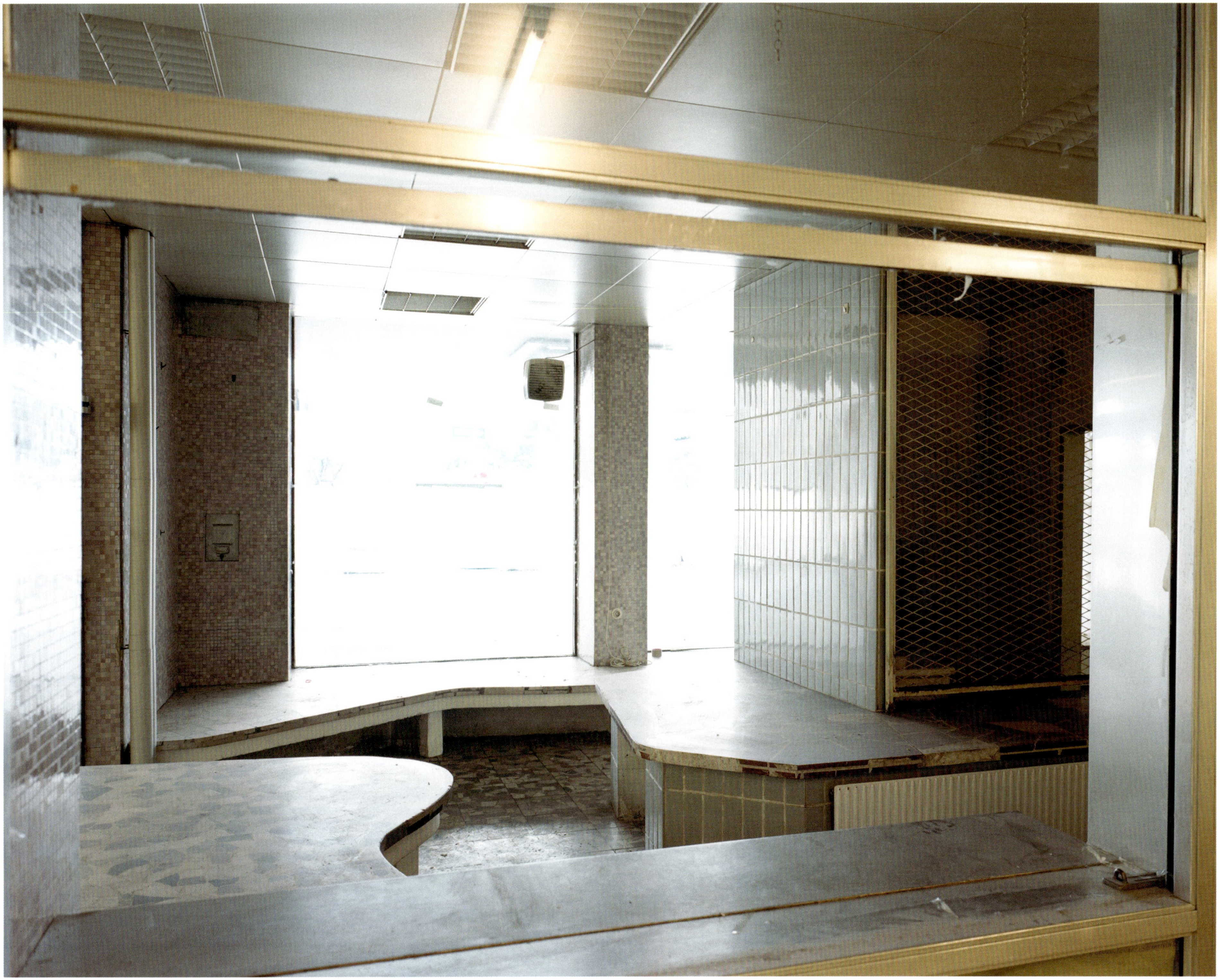

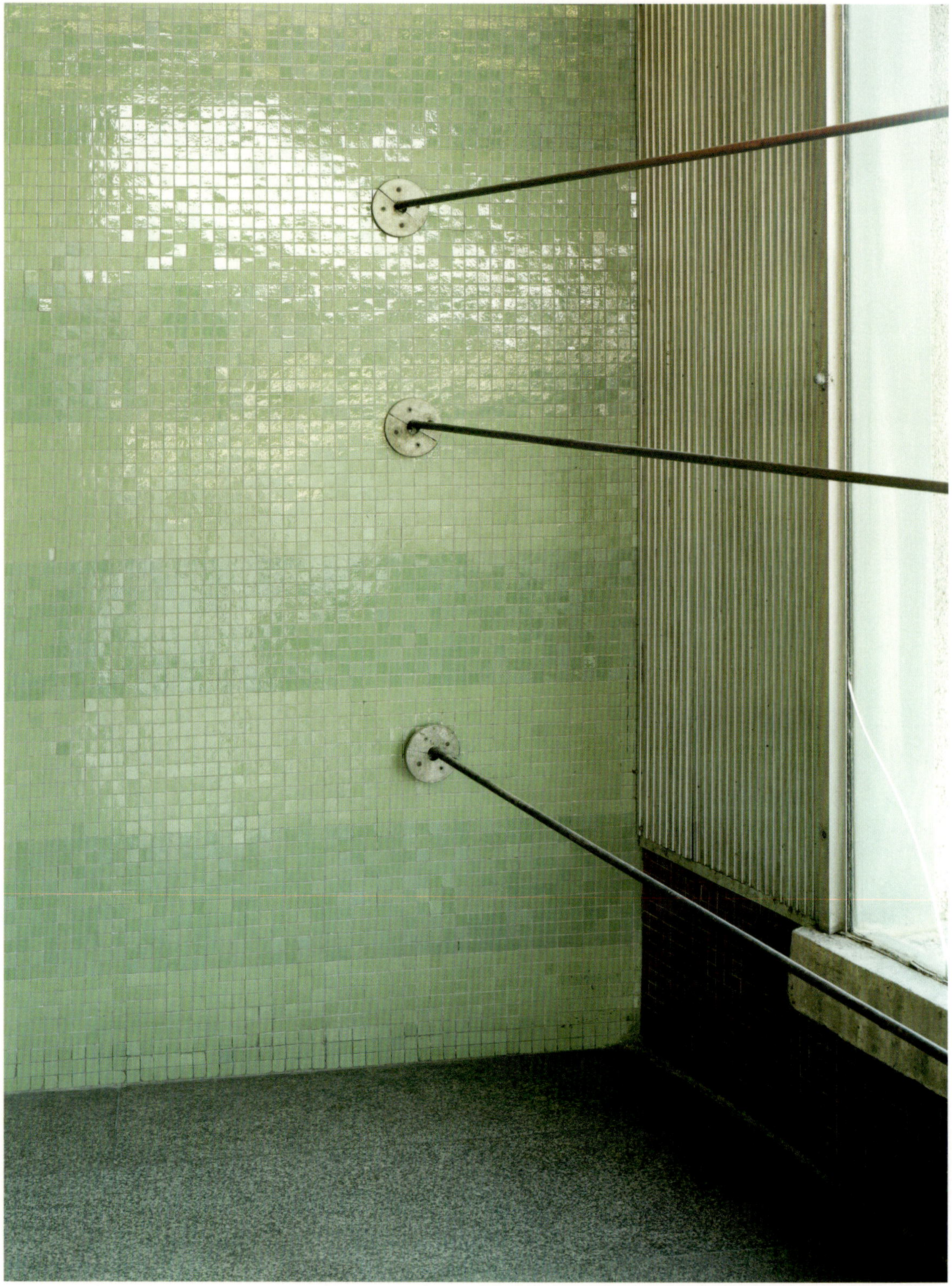

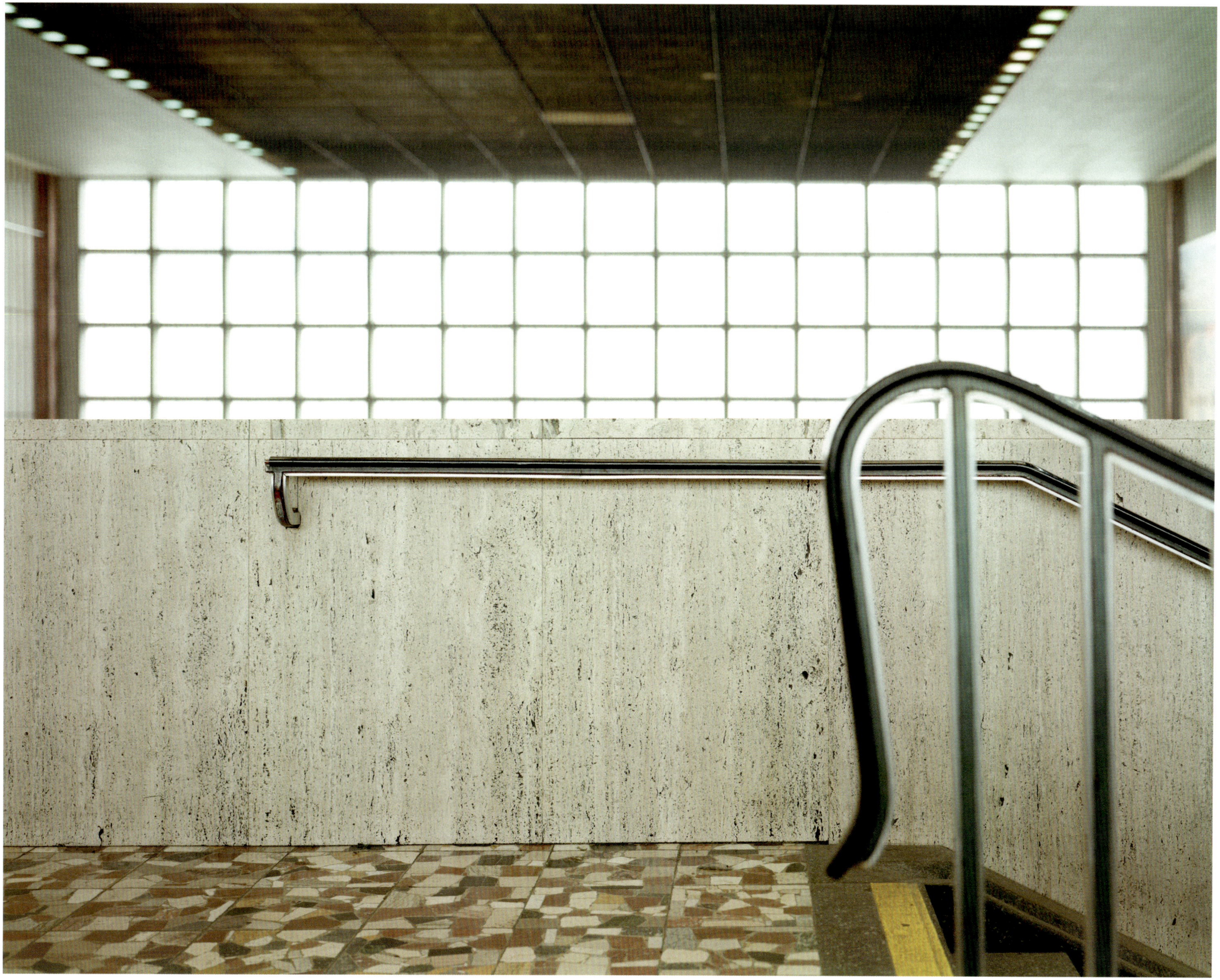

Südbahnhof
ehemals Wiedner Gürtel 1B, 1100 Wien
Heinrich Hrdlicka
Ausführung 1951–1960

30	Bahnhofshalle
31	Portal, Detail
32	Fußboden, Detail
33	Stiegenaufgang
34	Verglasung zum Wiedner Gürtel hin
35	Blumenhandlung
36	Ecksituation, Detail
37	Bahnhofshalle, Detail

Hotel Prinz Eugen Wien

1957–1958

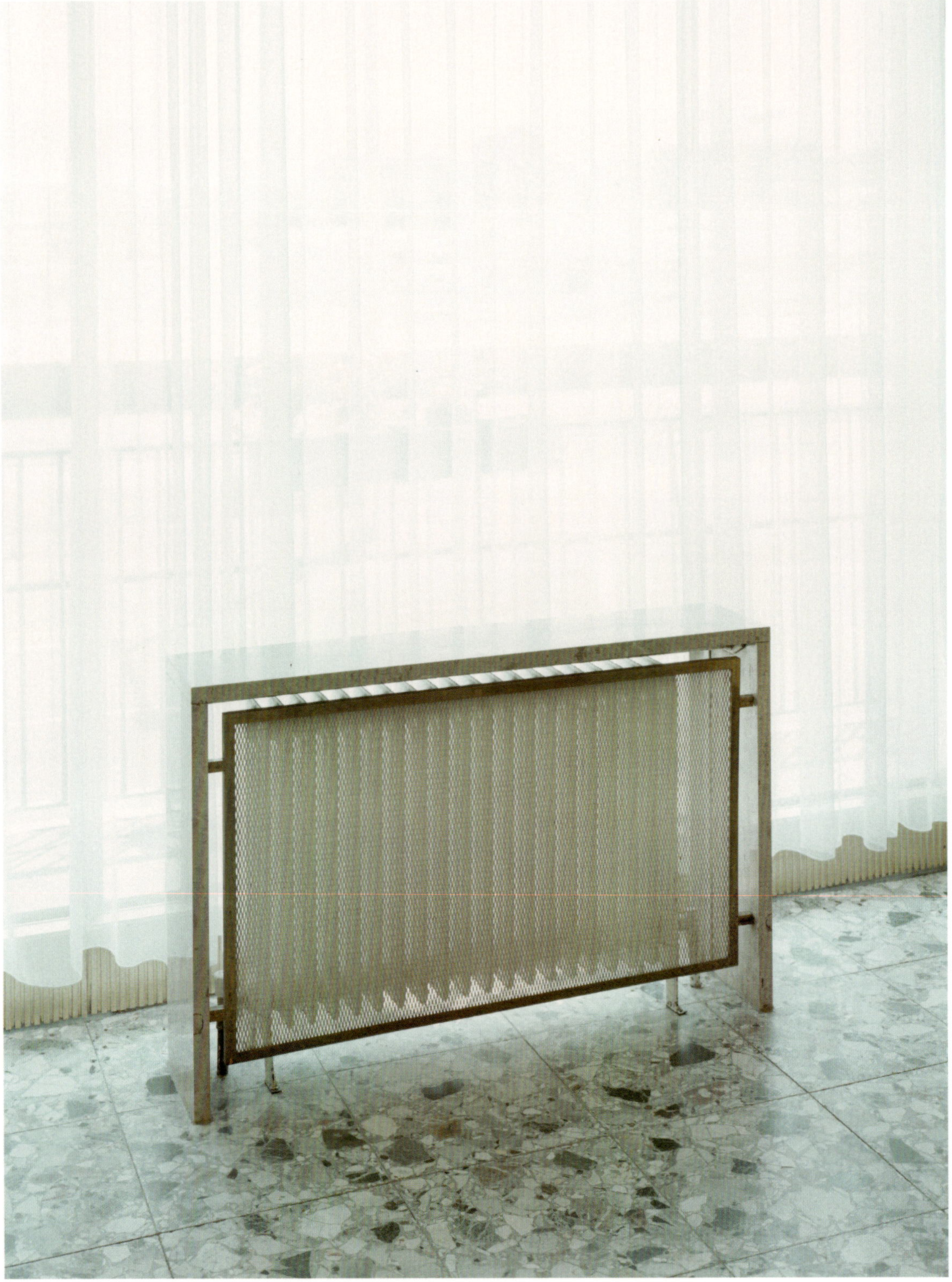

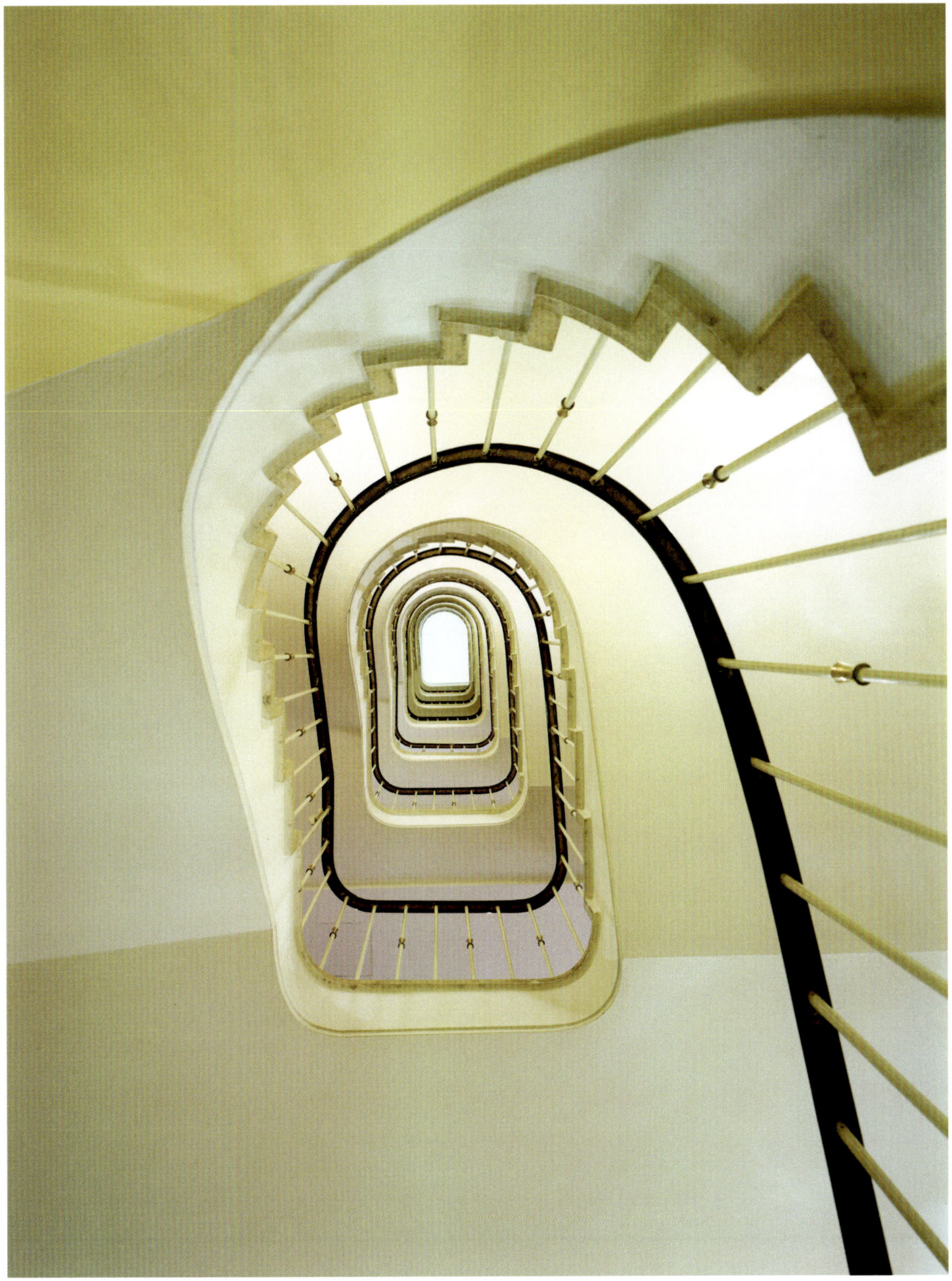

42

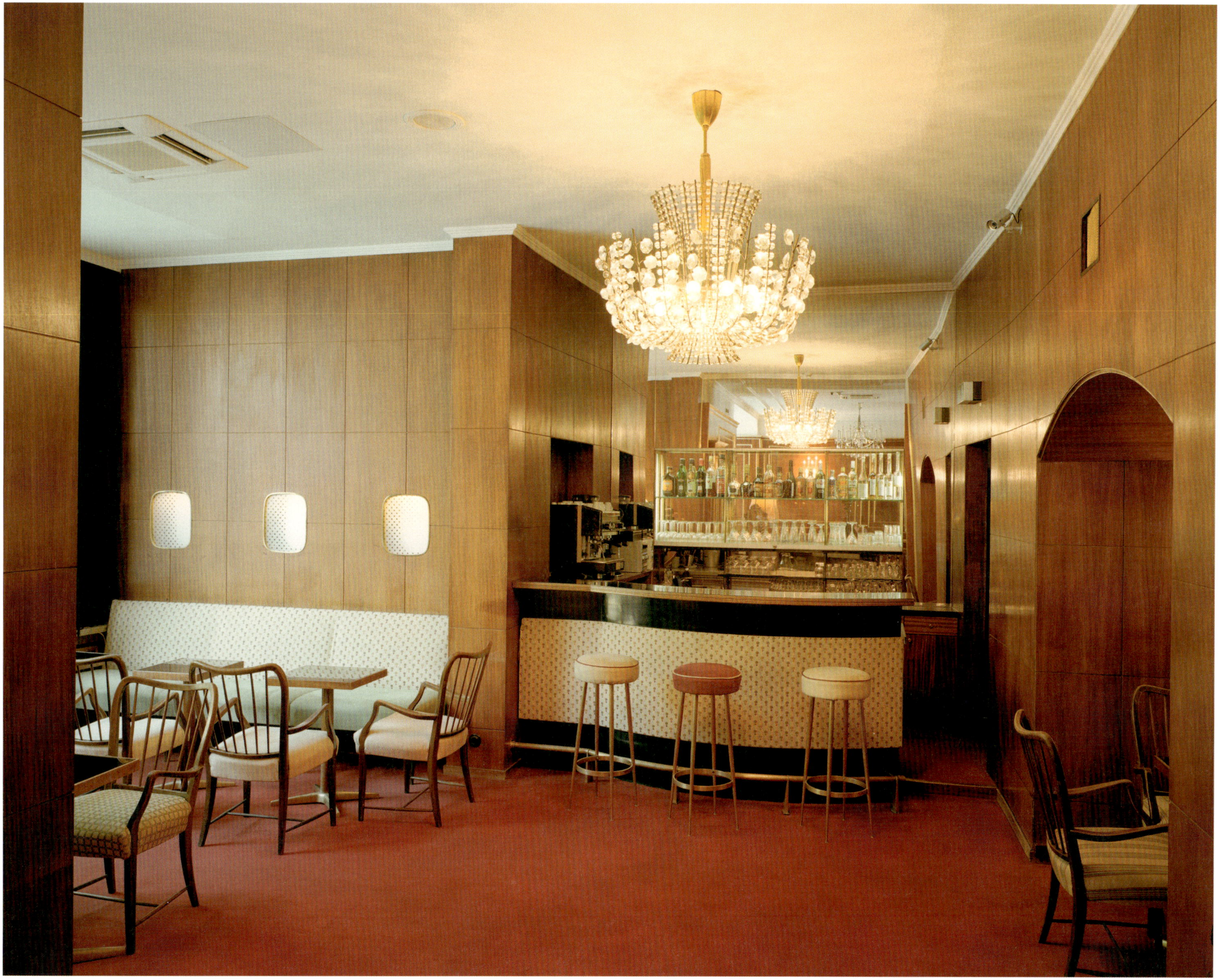

Hotel Prinz Eugen
Wiedner Gürtel 14, 1040 Wien
Georg Lippert
Ausführung 1957–1958

40	Detail
41	Stiegenhaus
42	Wandvertäfelung, Detail
43	Bar

20er Haus Wien

1958

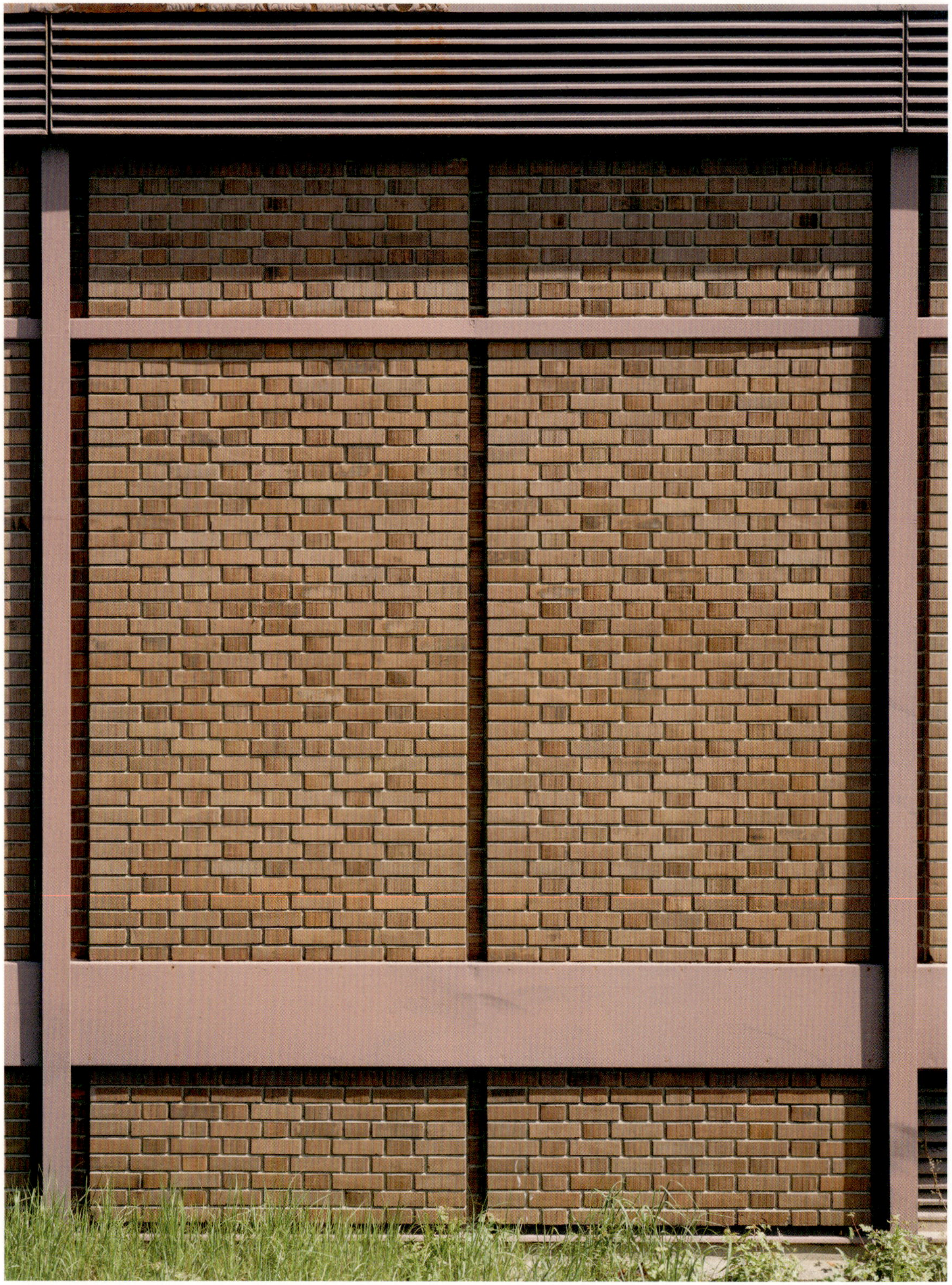

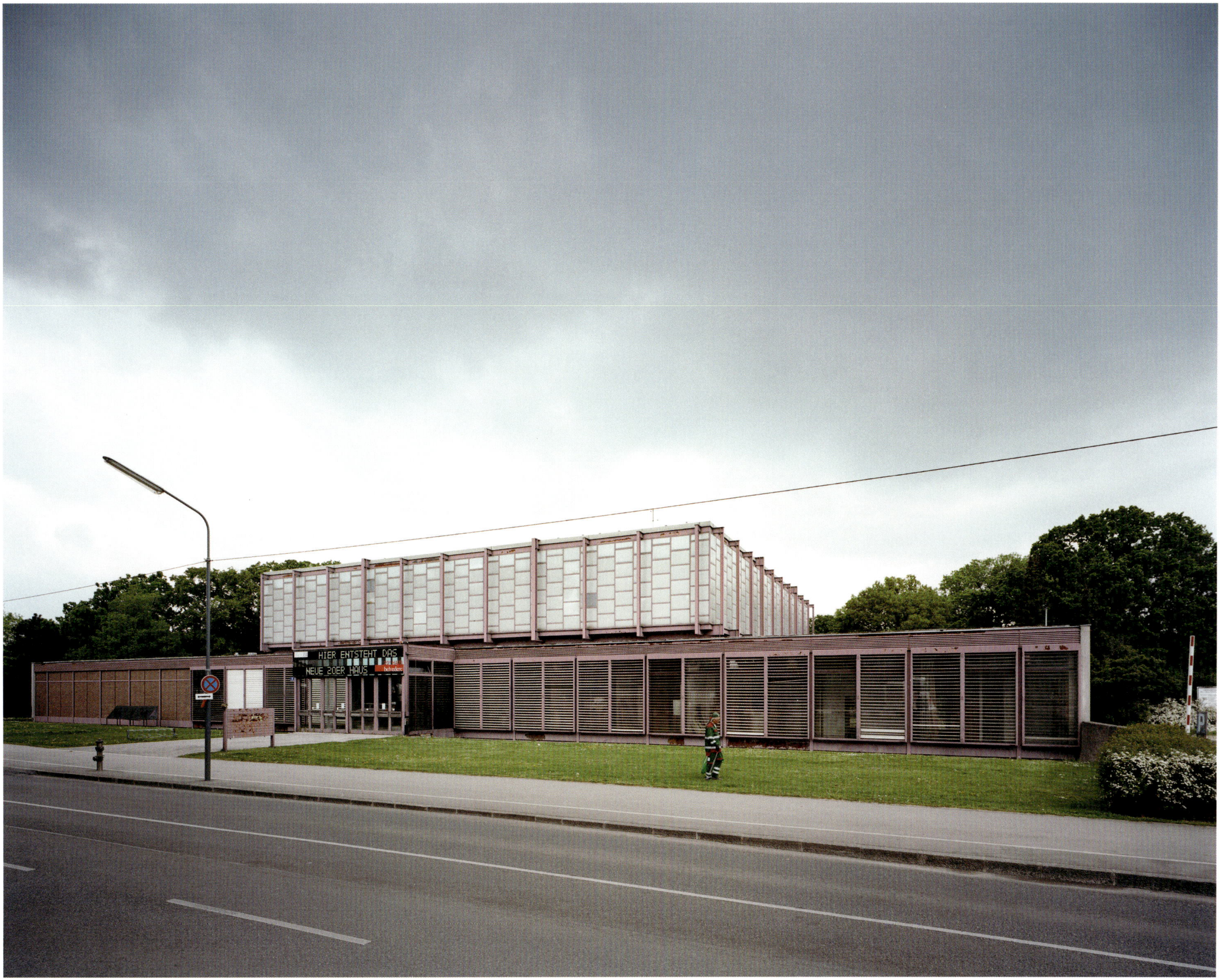
HIER ENTSTEHT DAS
NEUE 20ER HAUS
belvedere

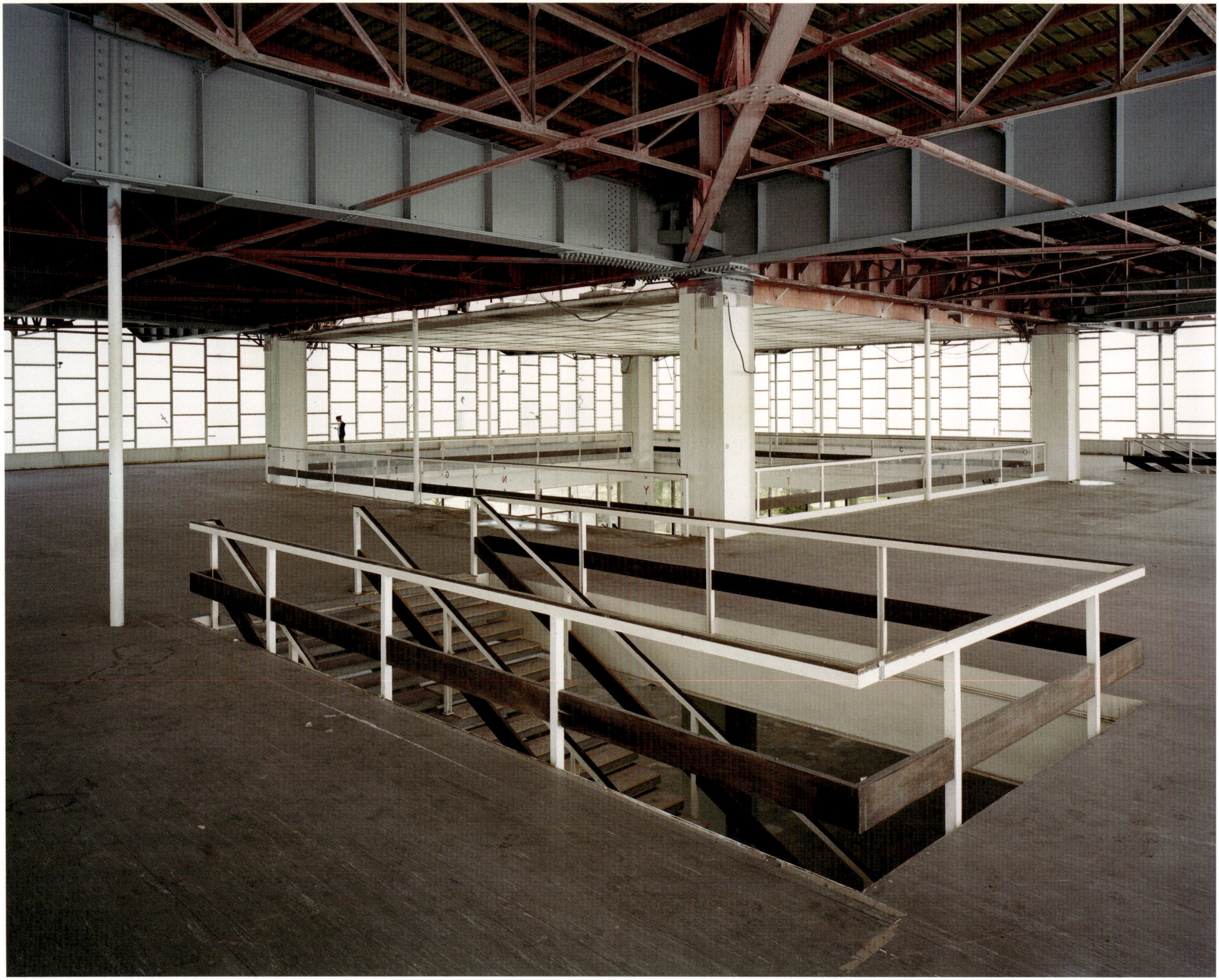

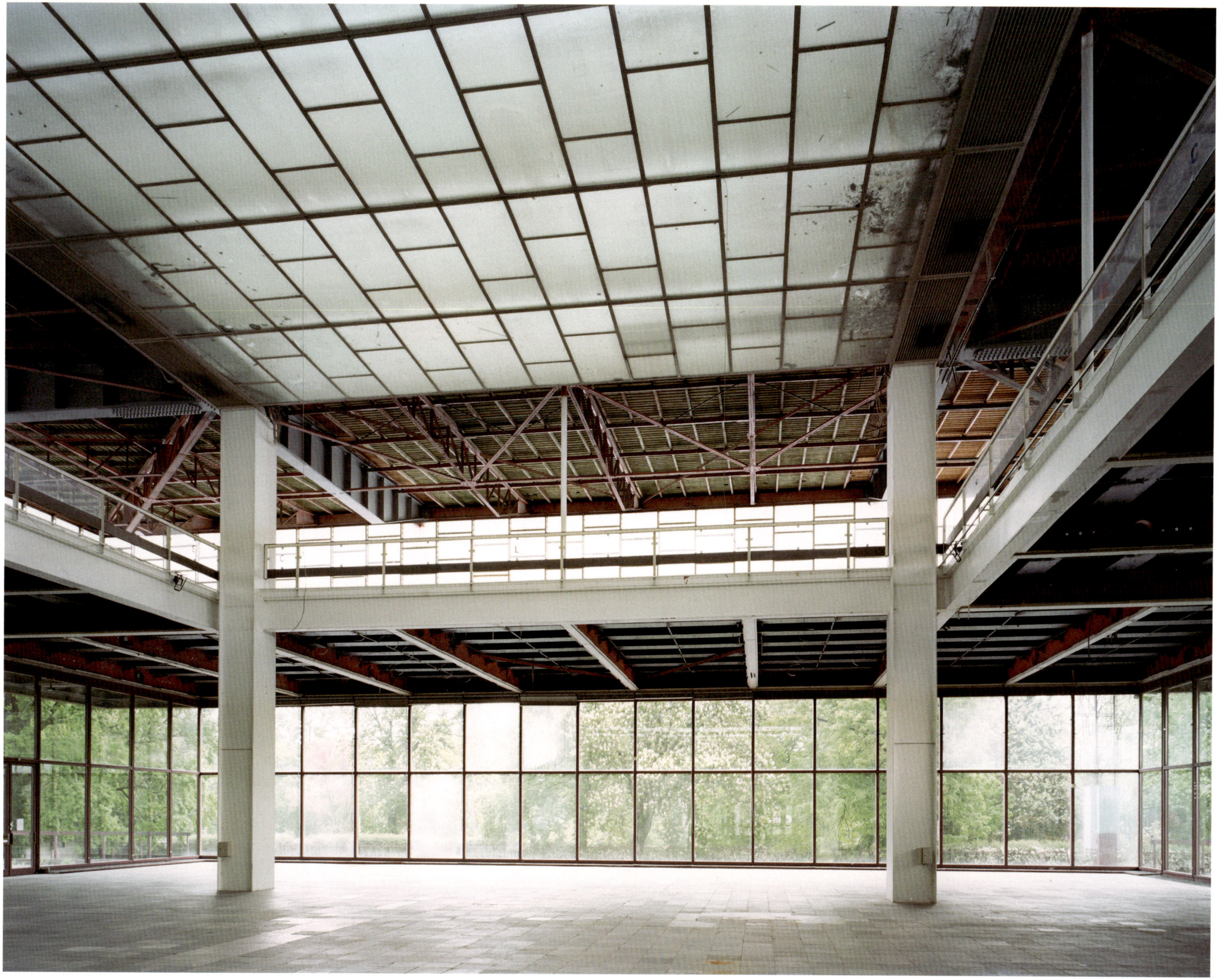

50

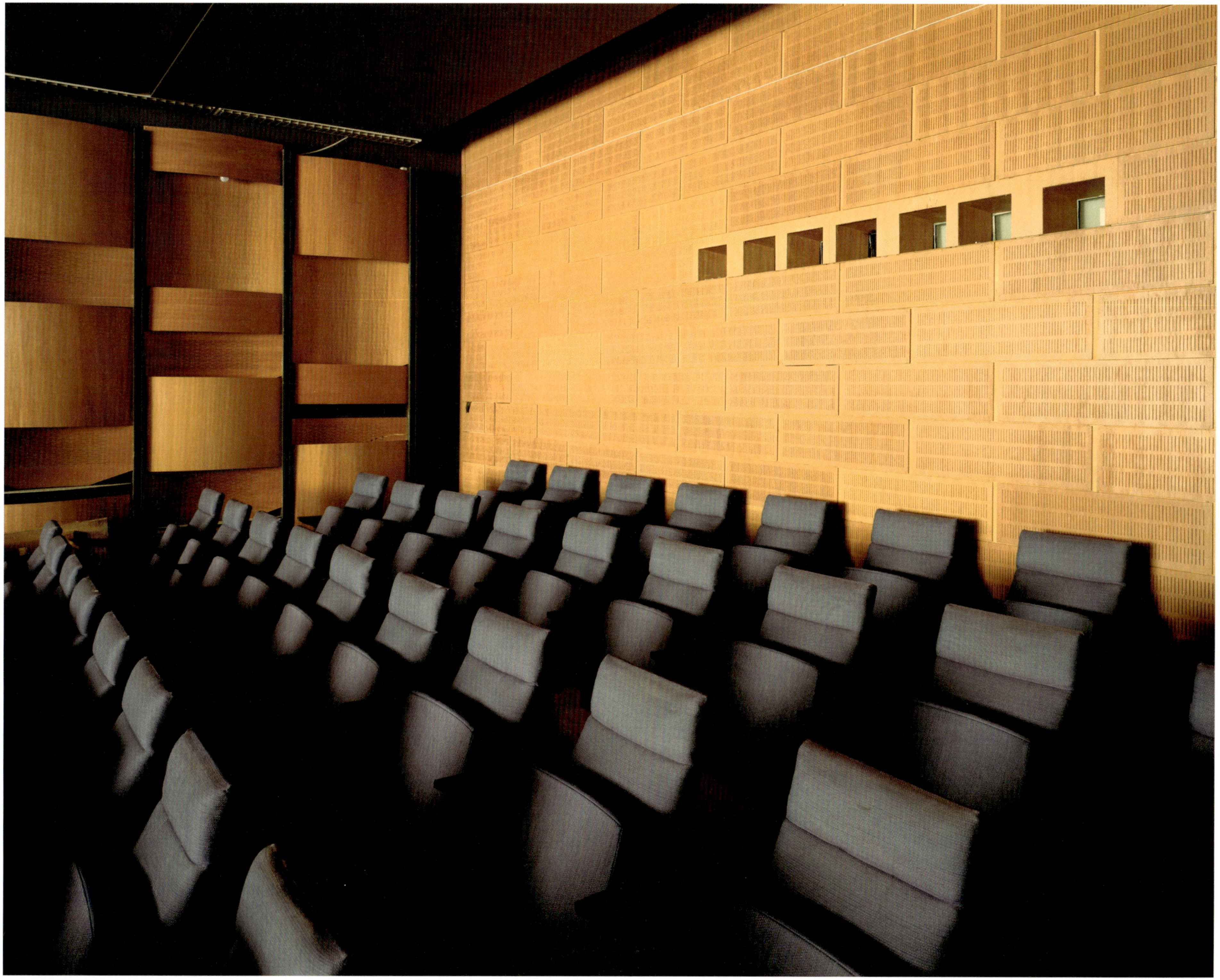

20er Haus / Museum des 20. Jahrhunderts
Schweizergarten, Arsenalstraße 1, 1030 Wien
Karl Schwanzer
Ausführung Brüssel 1958
Wiederaufstellung Wien 1959–1962

46	Fassade, Detail
47	Straßenansicht
48	Innenraum Obergeschoß
49	Innenraum Erdgeschoß
50, 51	Kinosaal

Nationalbank Linz

1951–1953

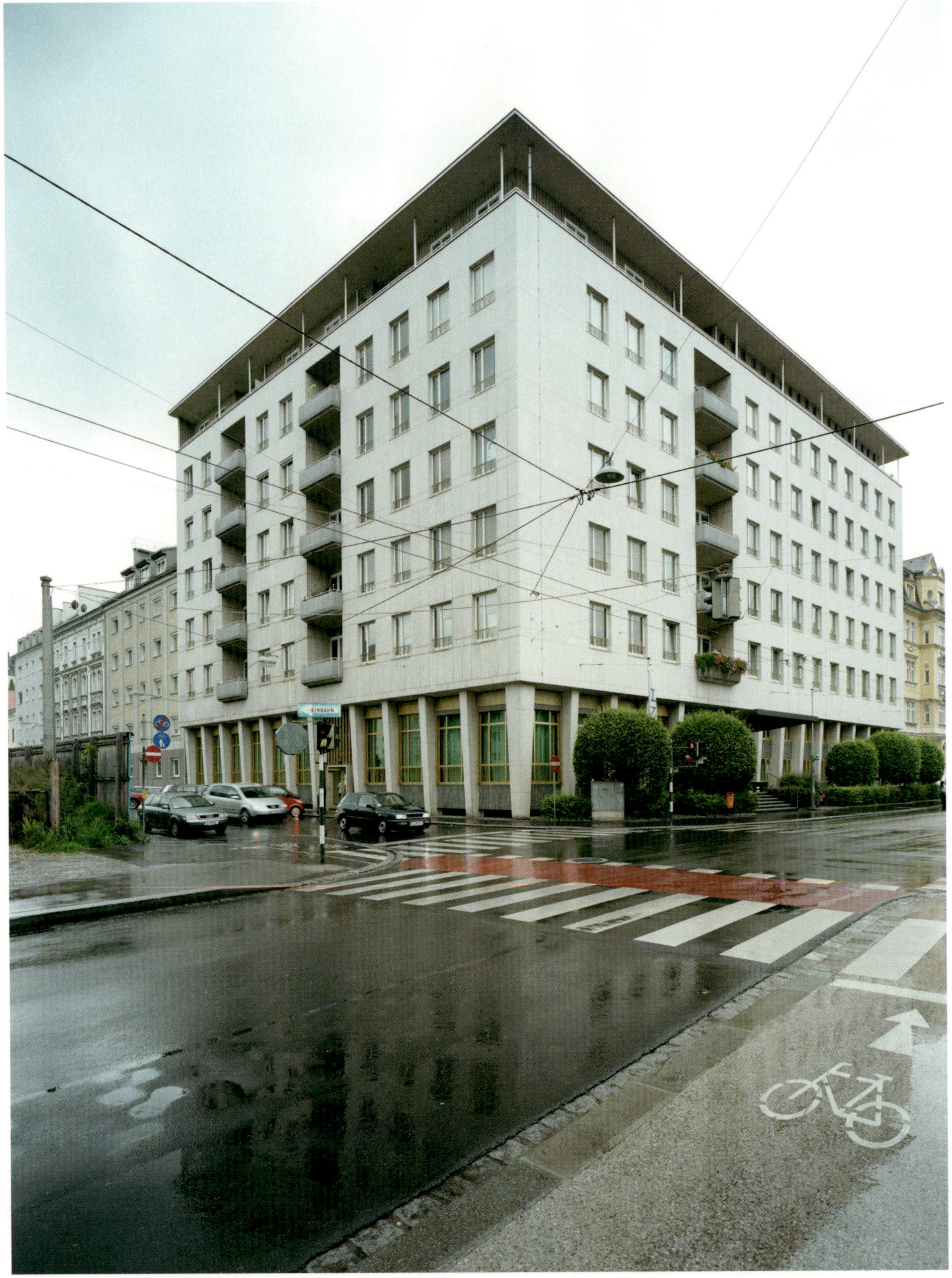
EINBAHN

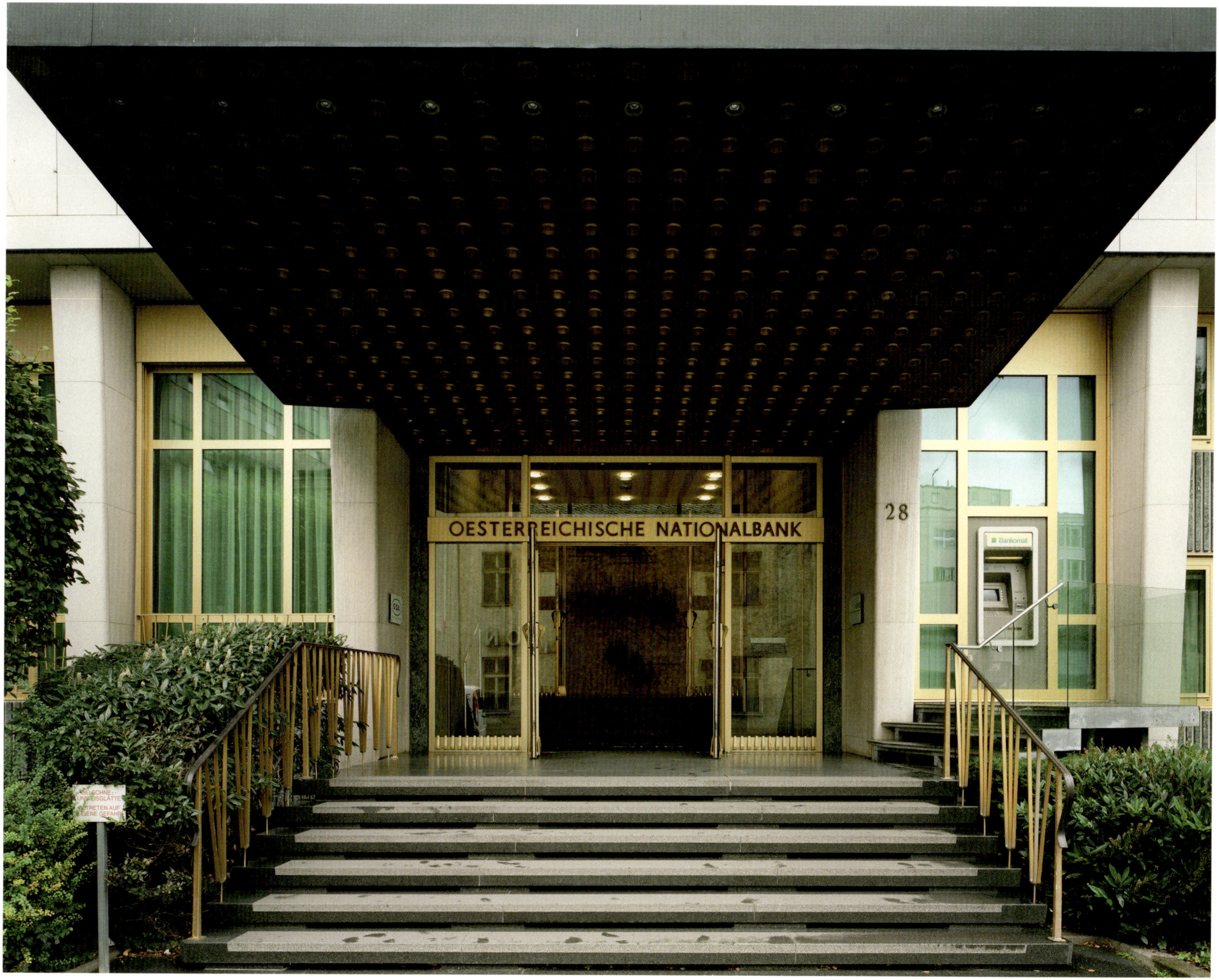
OESTERREICHISCHE NATIONALBANK
28
Bankomat

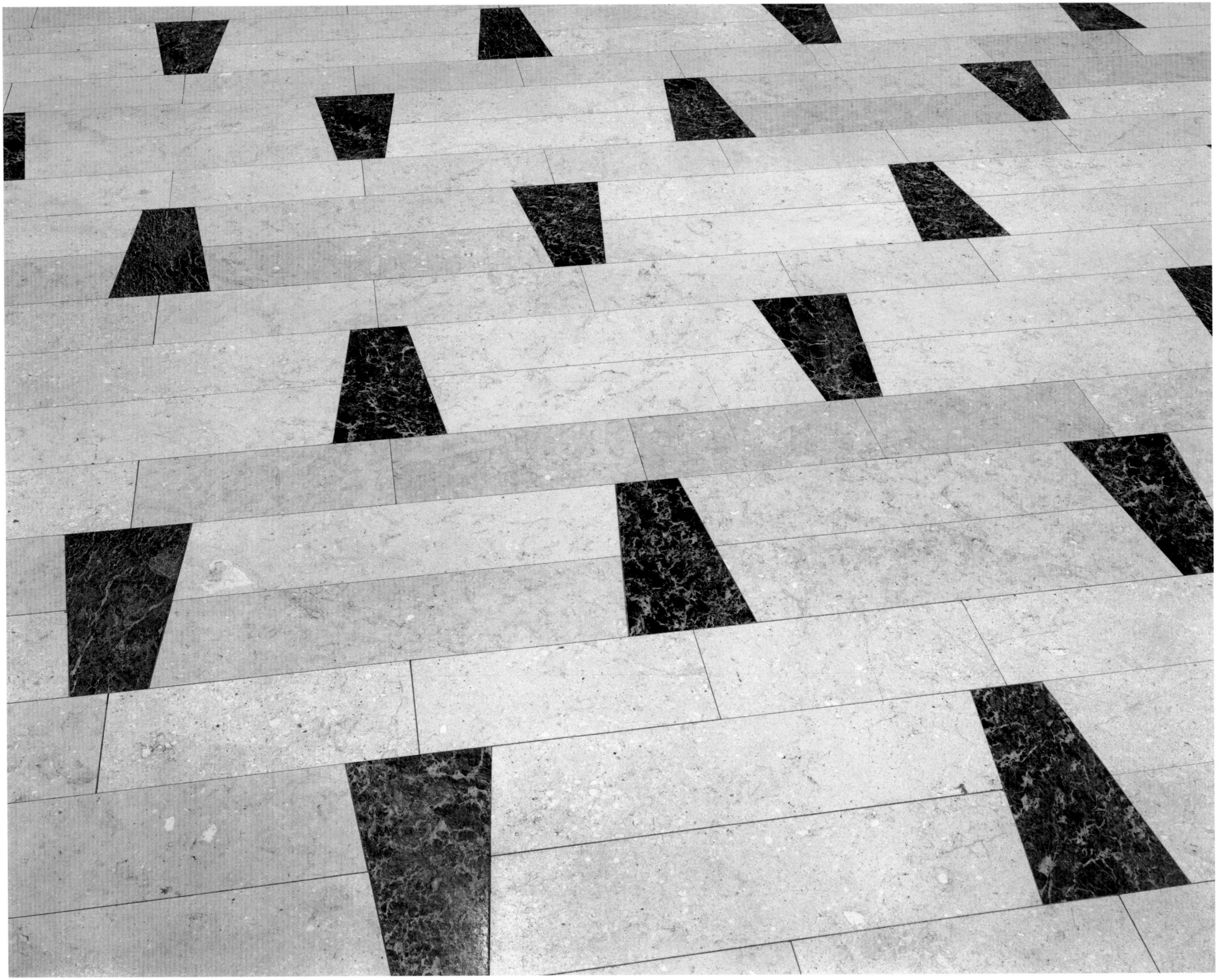

57

Nationalbank Linz
Coulinstraße 28, 4020 Linz
Erich Boltenstern, Eugen Wachberger
Ausführung 1951–1953

54	Straßenansicht
55	Portal
56	Fußboden, Detail
57	Foyer, Detail (Eisenplastik: Rudolf Hoflehner)

Kammerspiele Linz

1954–1958

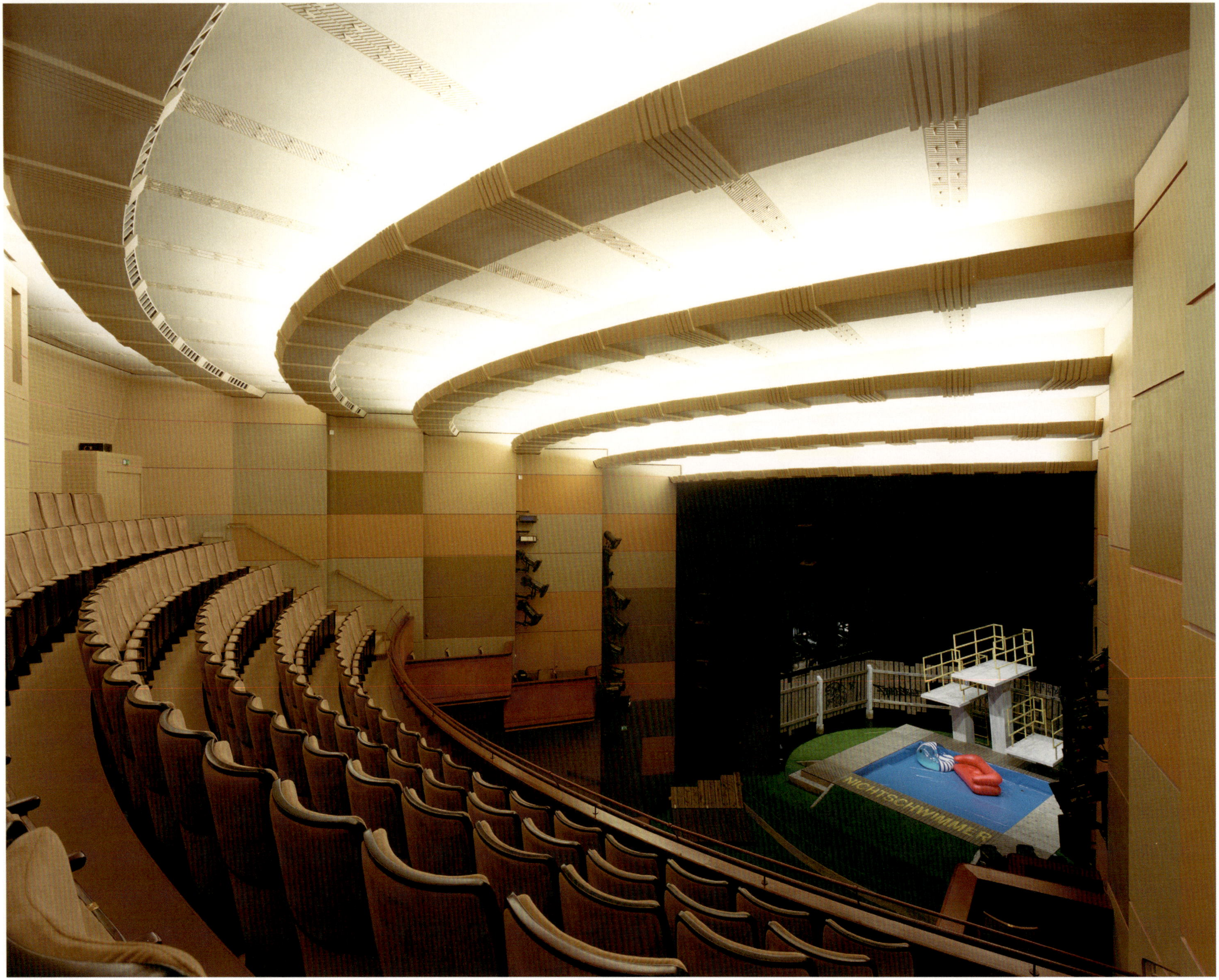
NICHTSCHWIMMER

61

62

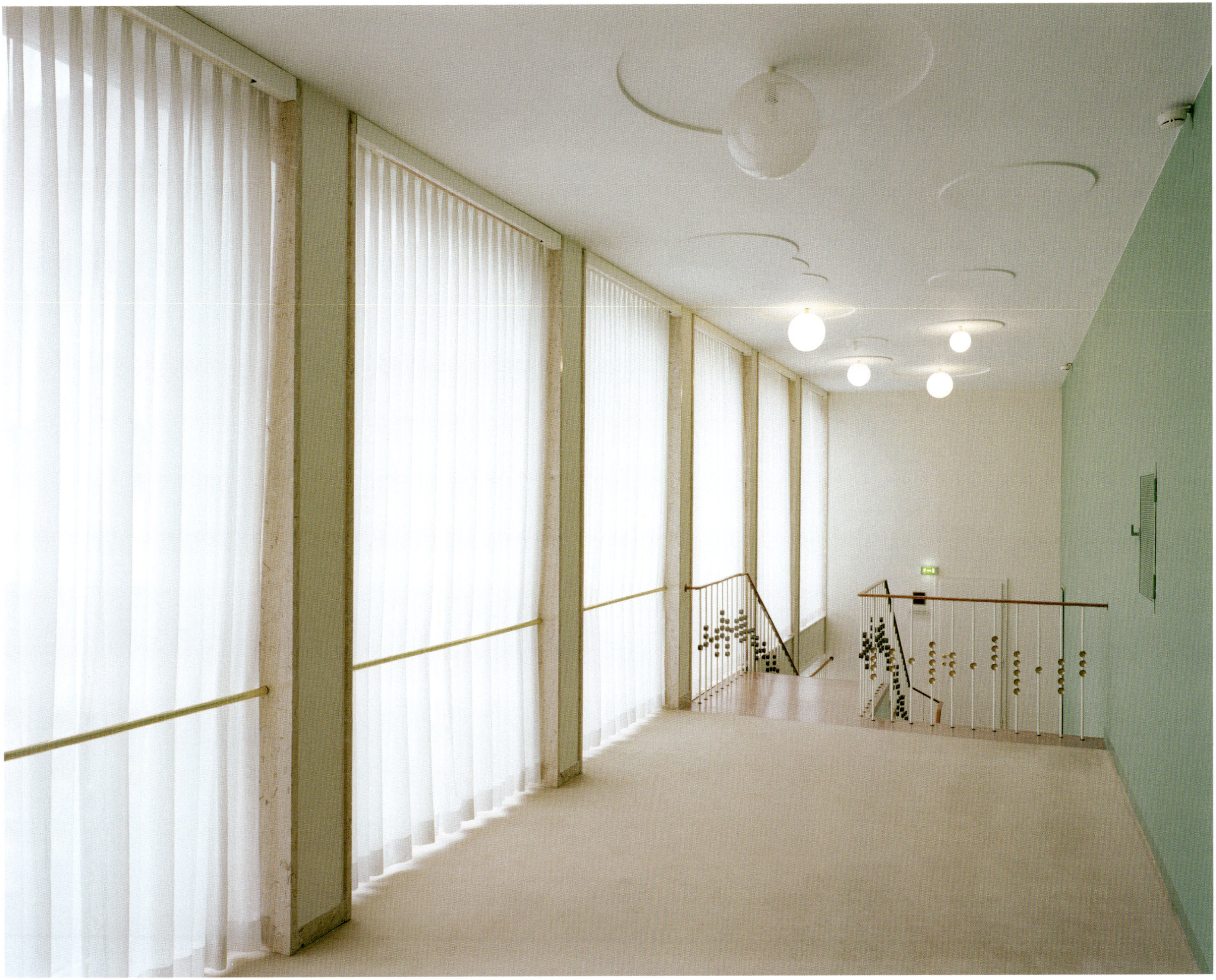

Kammerspiele Linz
Promenade 39, 4020 Linz
Clemens Holzmeister
Ausführung 1954–1958

60, 61	Zuschauersaal
62	Stiegenaufgang, Detail
63	Foyer

Schneidersalon Bernschütz Graz

1958

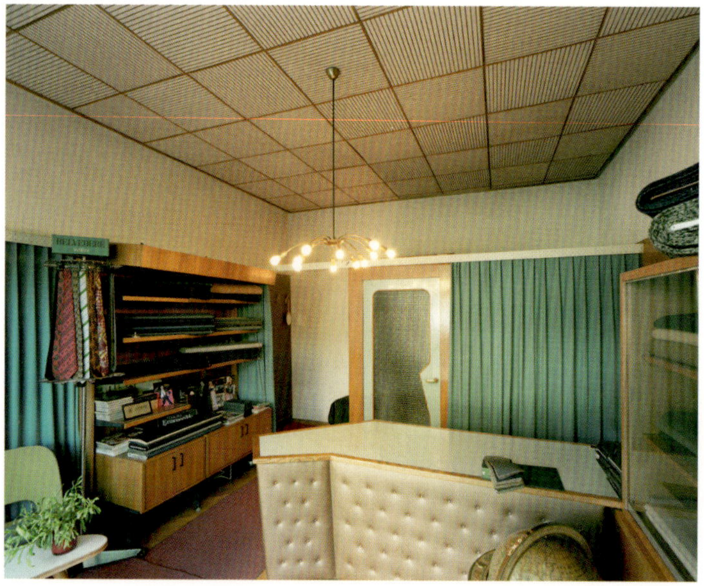
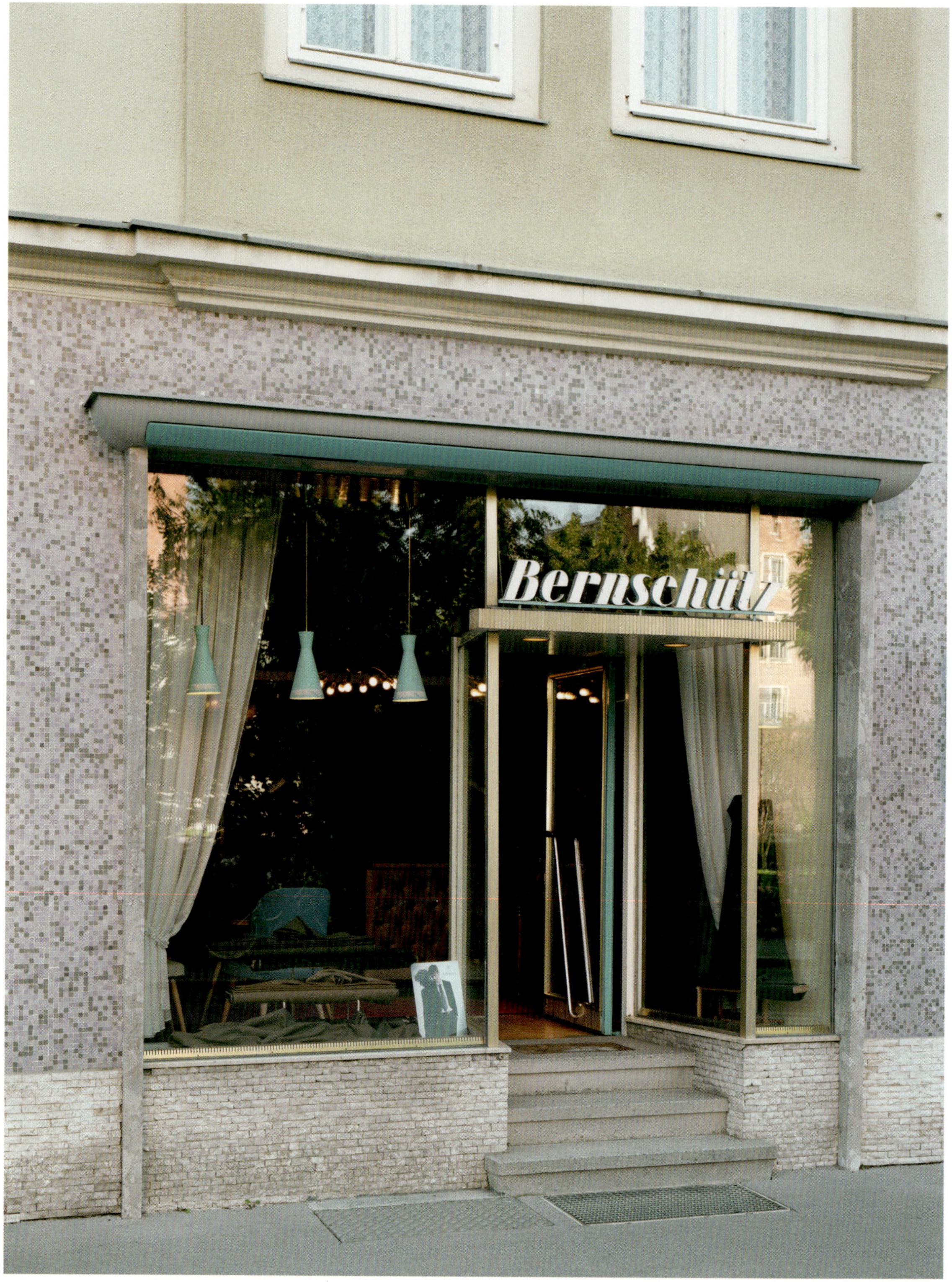
Bernschütz

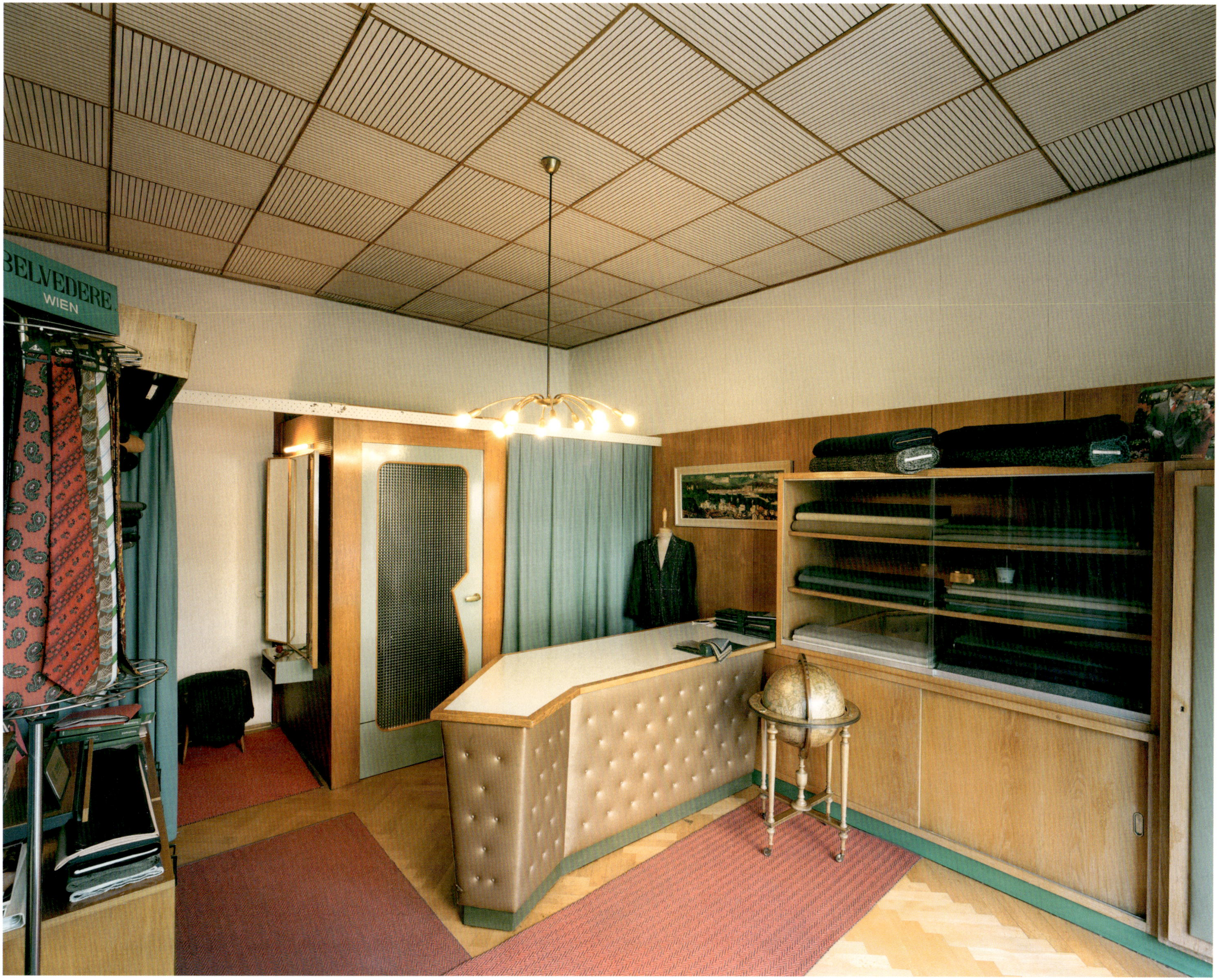
BELVEDERE
WIEN

Schneidersalon Bernschütz
Naglergasse 42, 8010 Graz
Karl Hütter
Planung 1955–1957
Ausführung 1958

66   Verkaufsraum
     Portal
67   Verkaufsraum

NEWAG-Elektrizitätswerk St. Pölten
1953

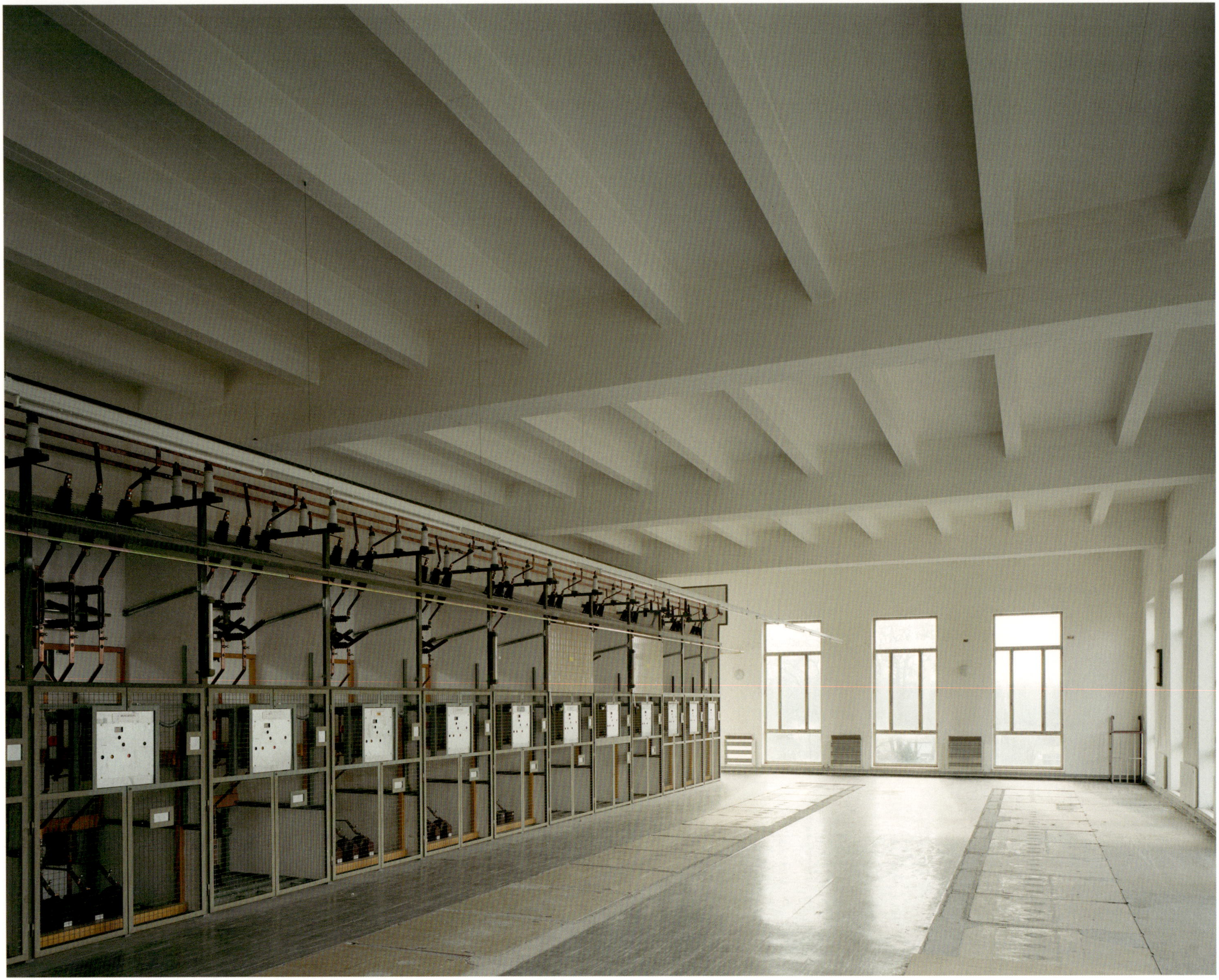

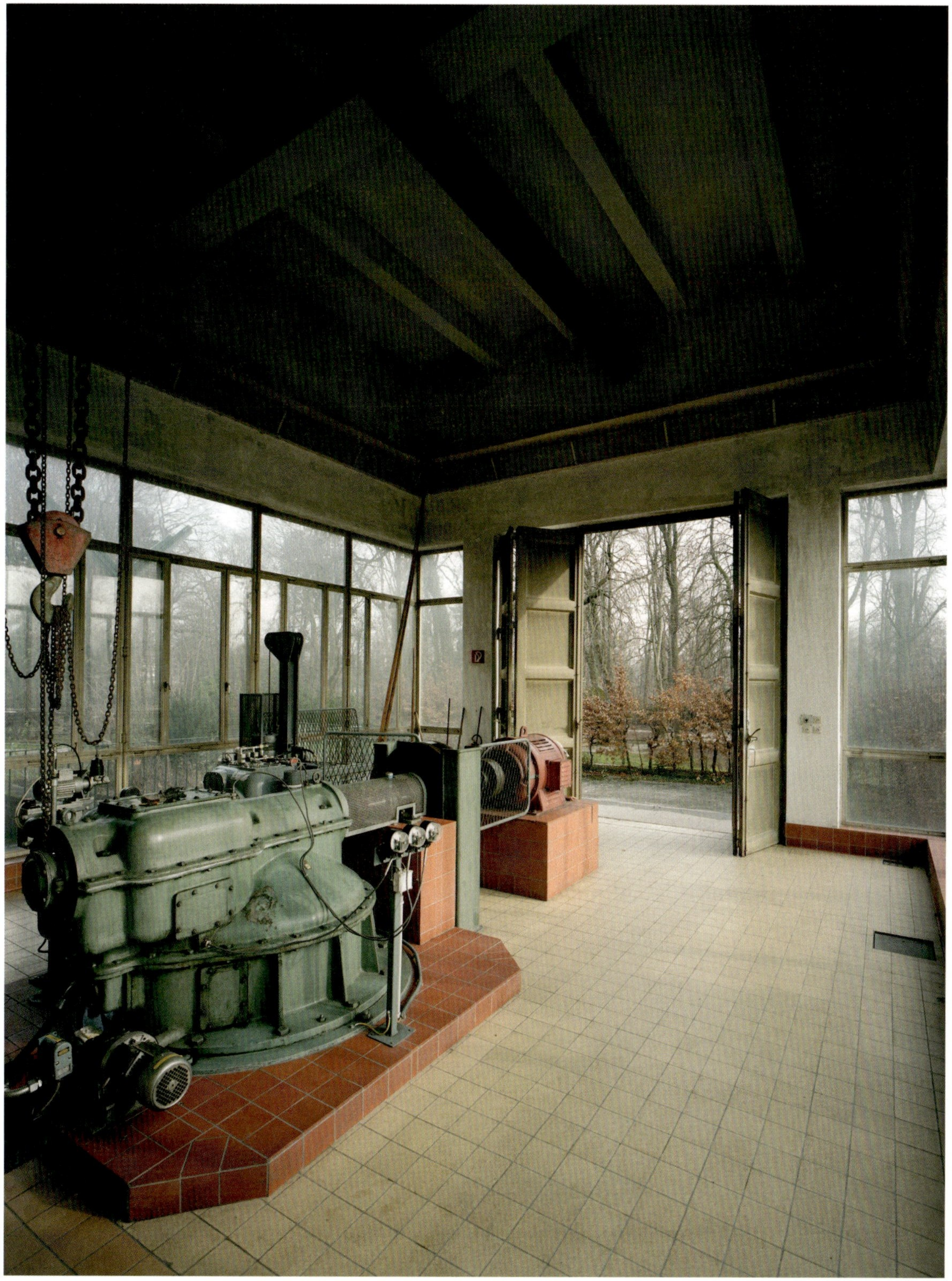

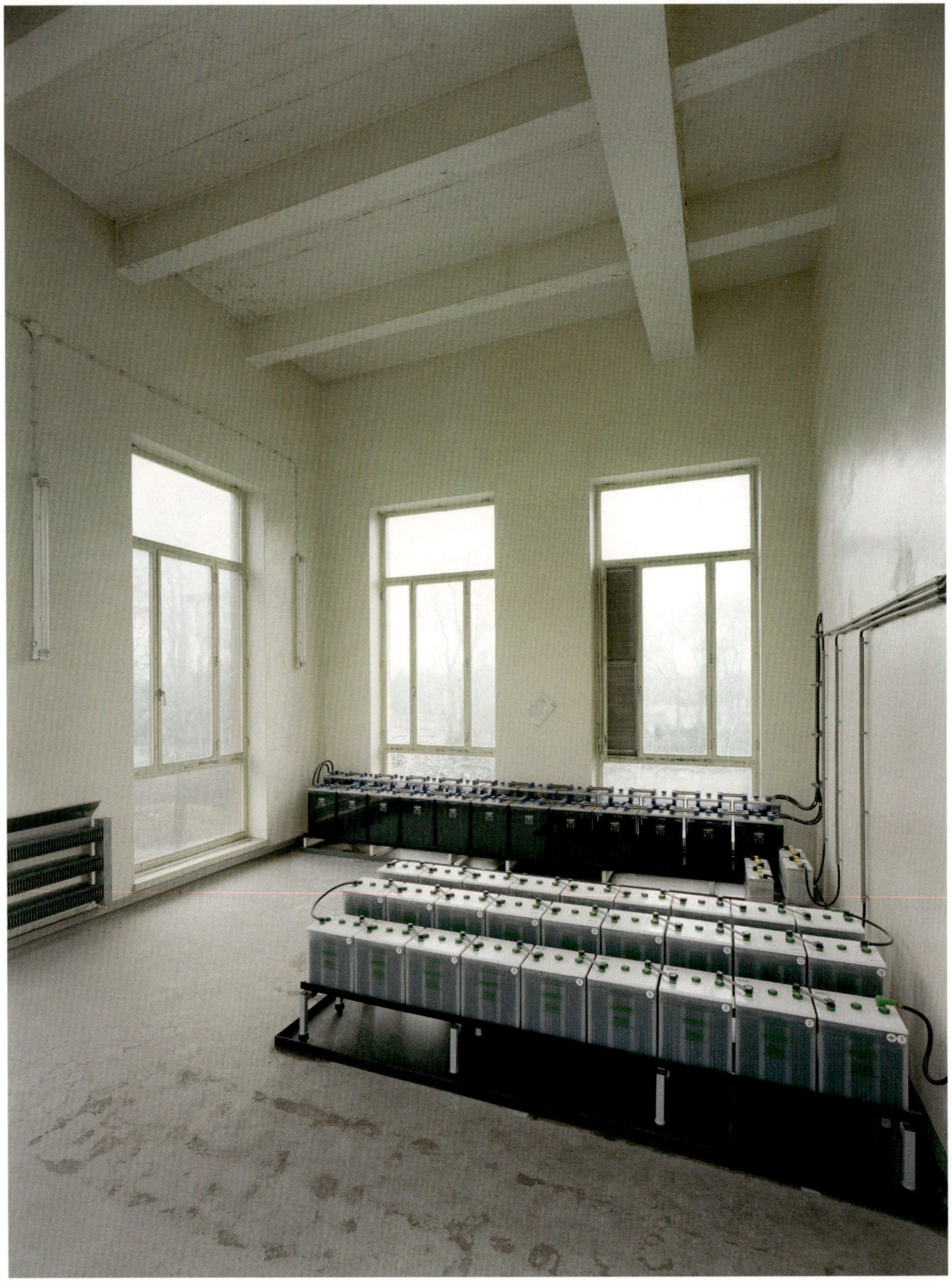

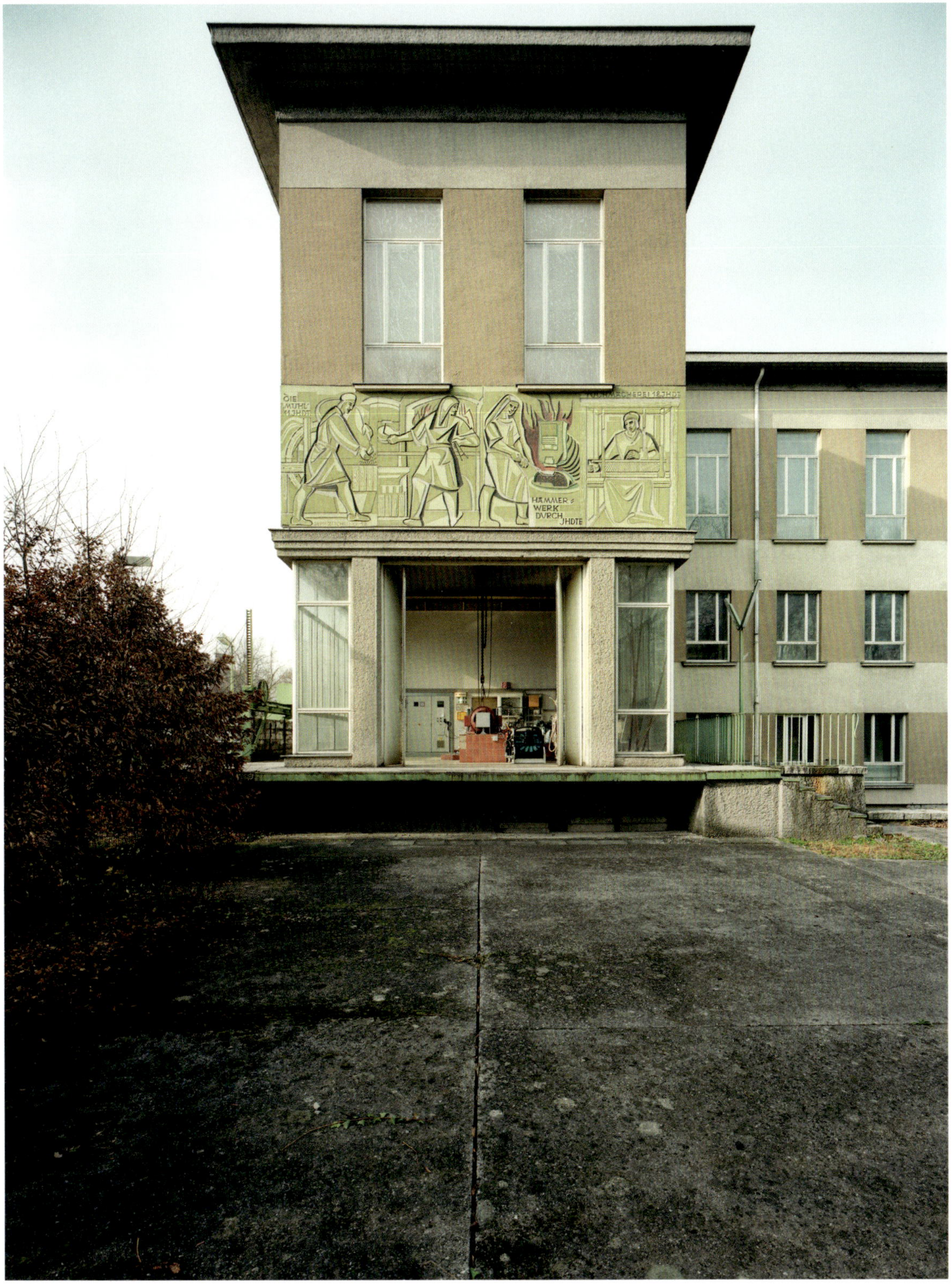
HÄMMER
WERK
DVRCH
JHDTE

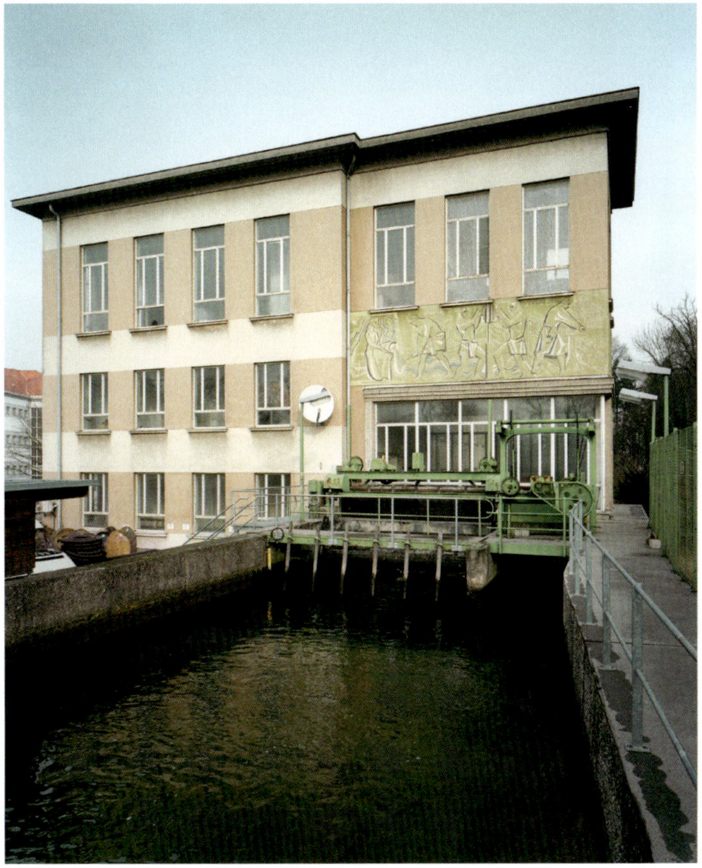

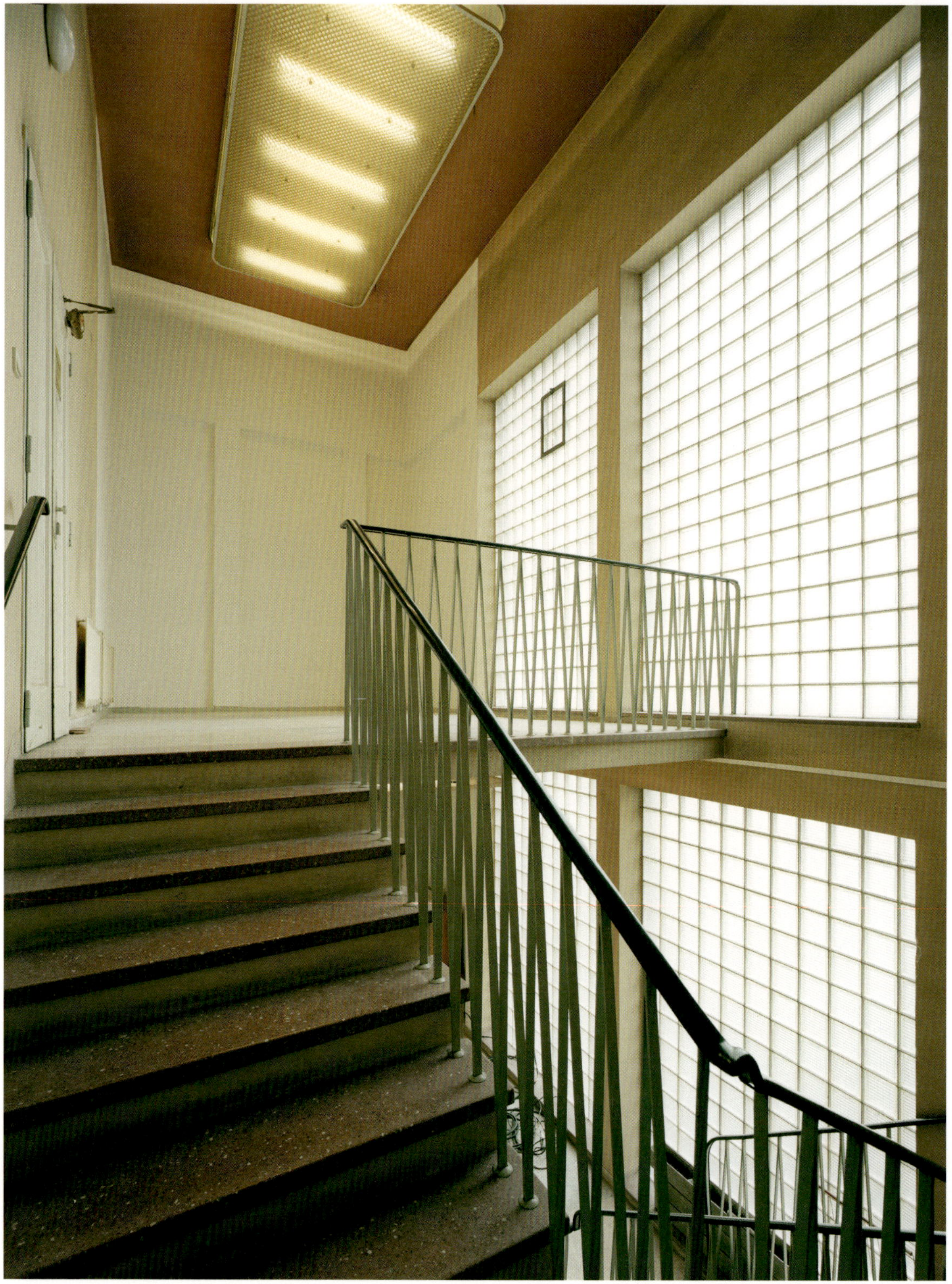

75

NEWAG-Elektrizitätswerk
Jahnstraße 29, 3100 St. Pölten
Franz Barnath
Ausführung 1953

70   Schaltraum
71   Turbinenhalle
72   Batterieraum
73   Außenansichten
74, 75 Stiegenhaus

Paracelsusbad Salzburg

1953–1957

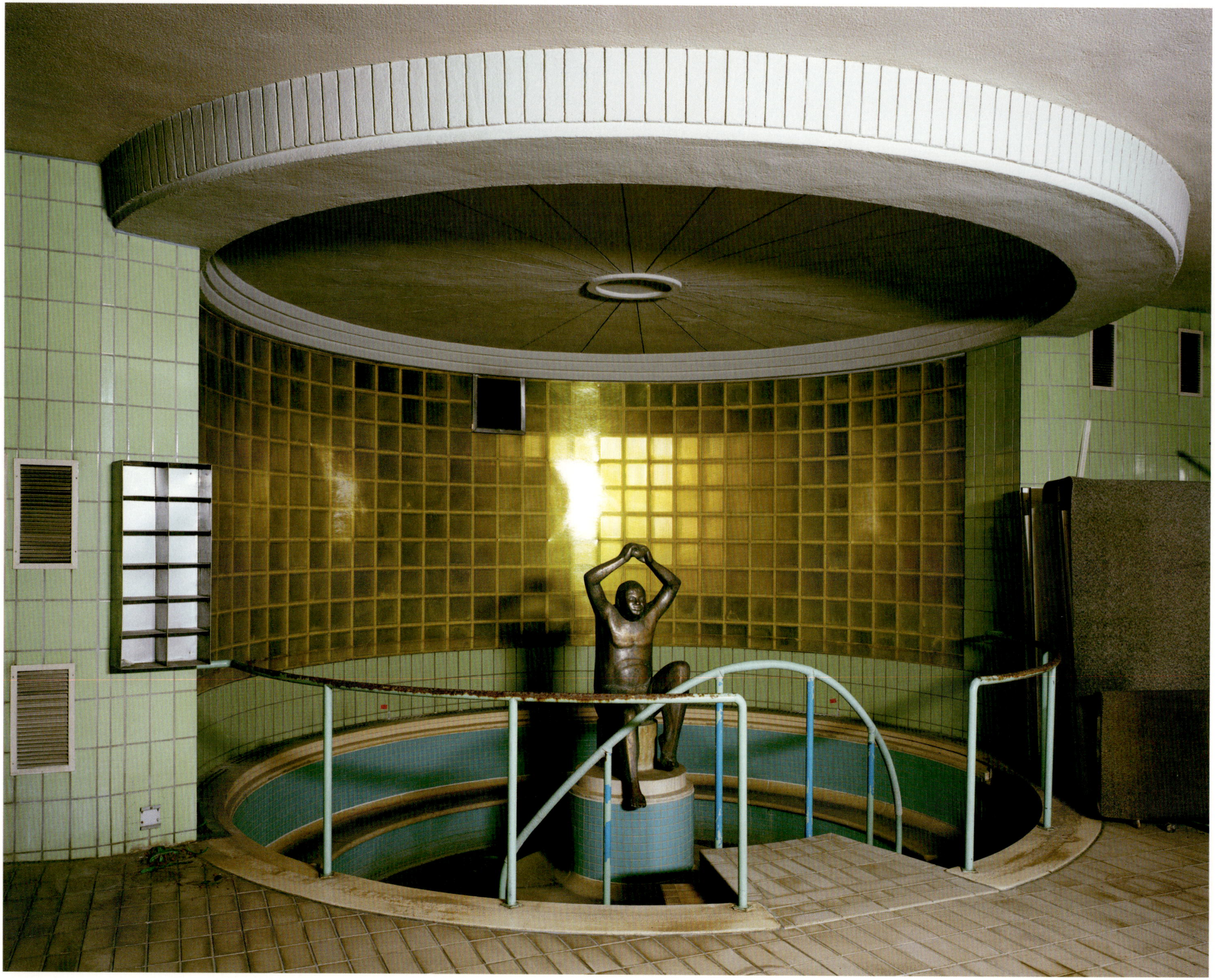

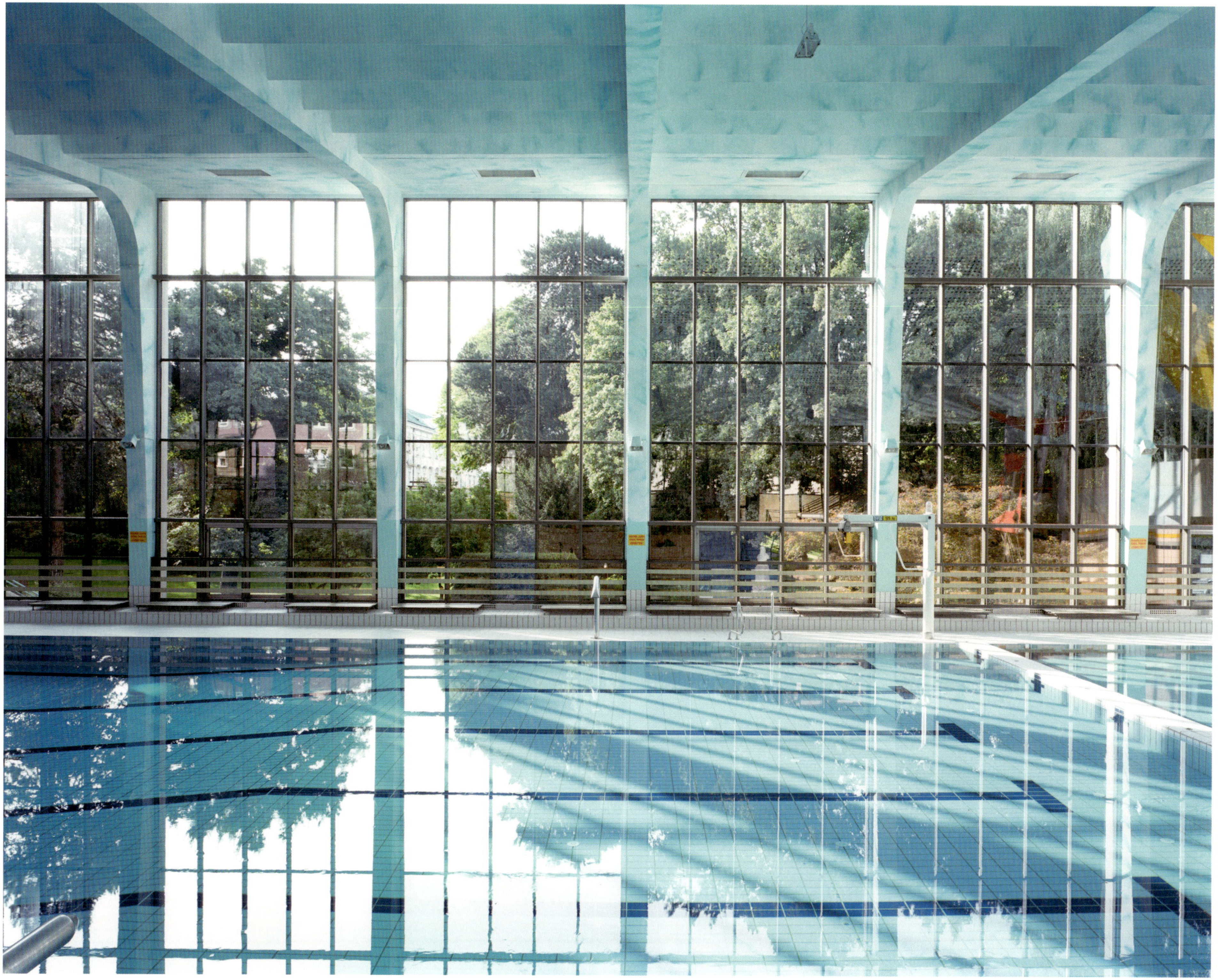

Paracelsusbad
Auerspergstraße 2, 5020 Salzburg
Josef Hawranek
Ausführung 1953–1957

78   Römerbad
79   Schwimmhalle

Passionsspielhaus Erl

1956–1959

82

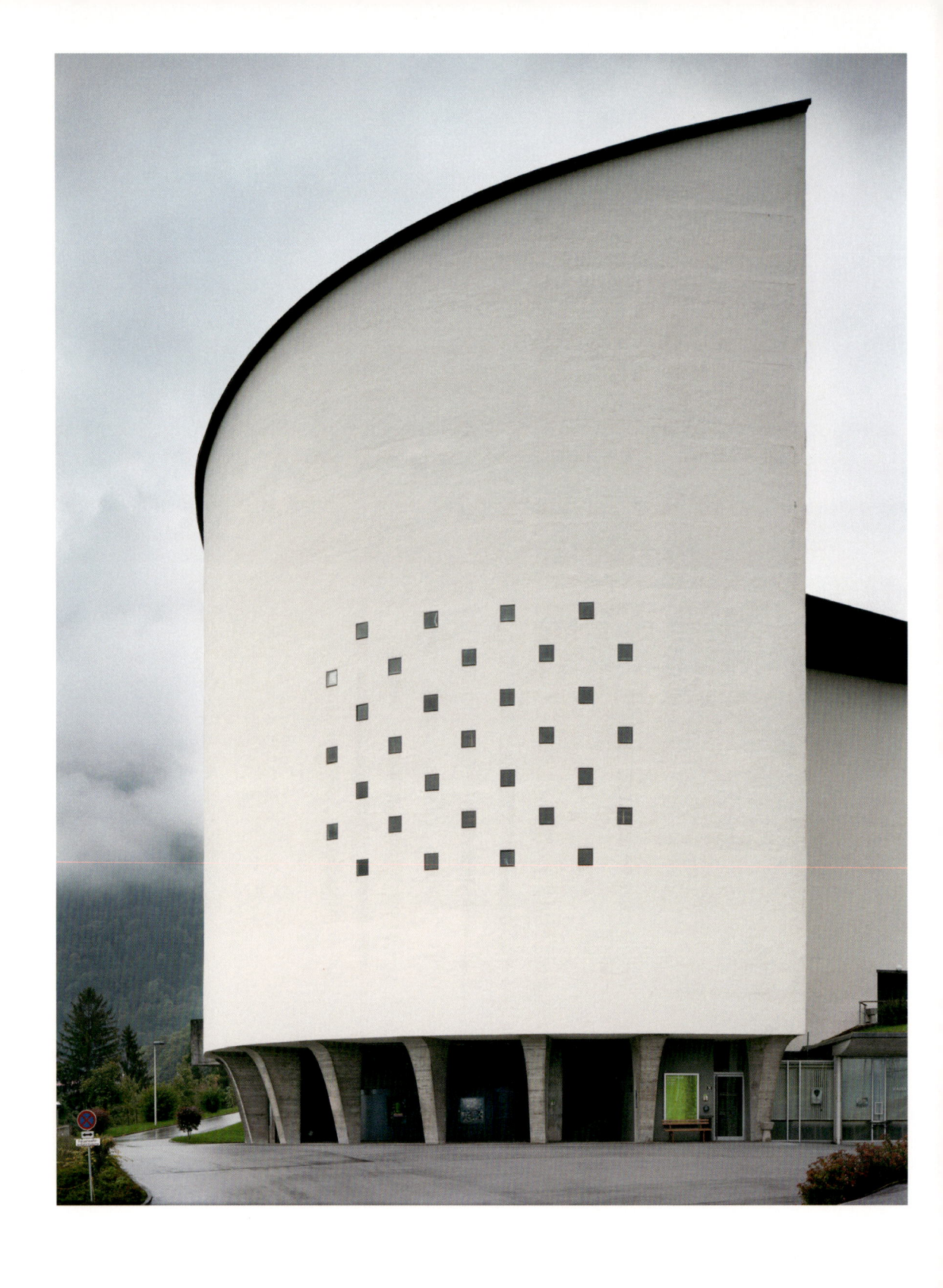

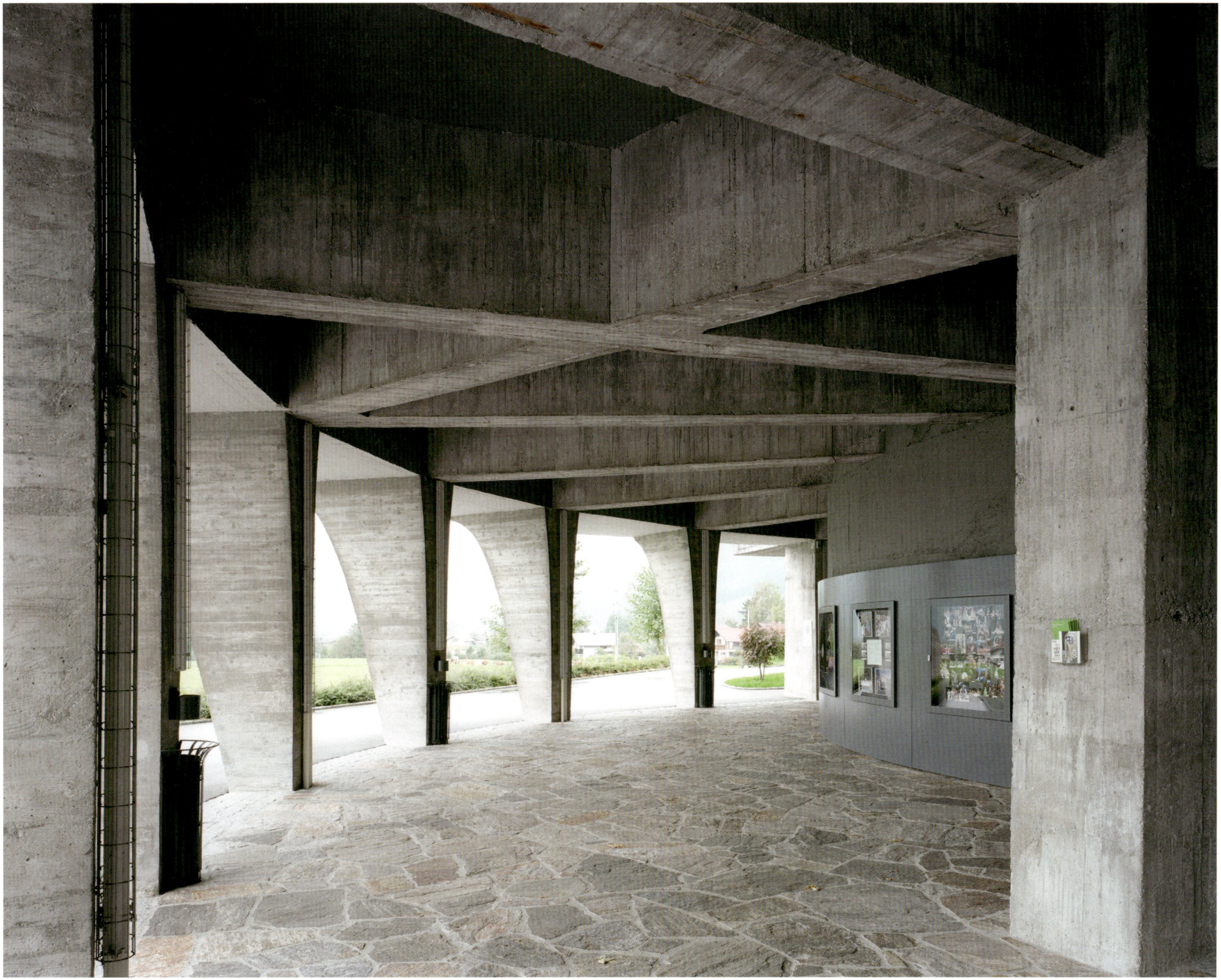

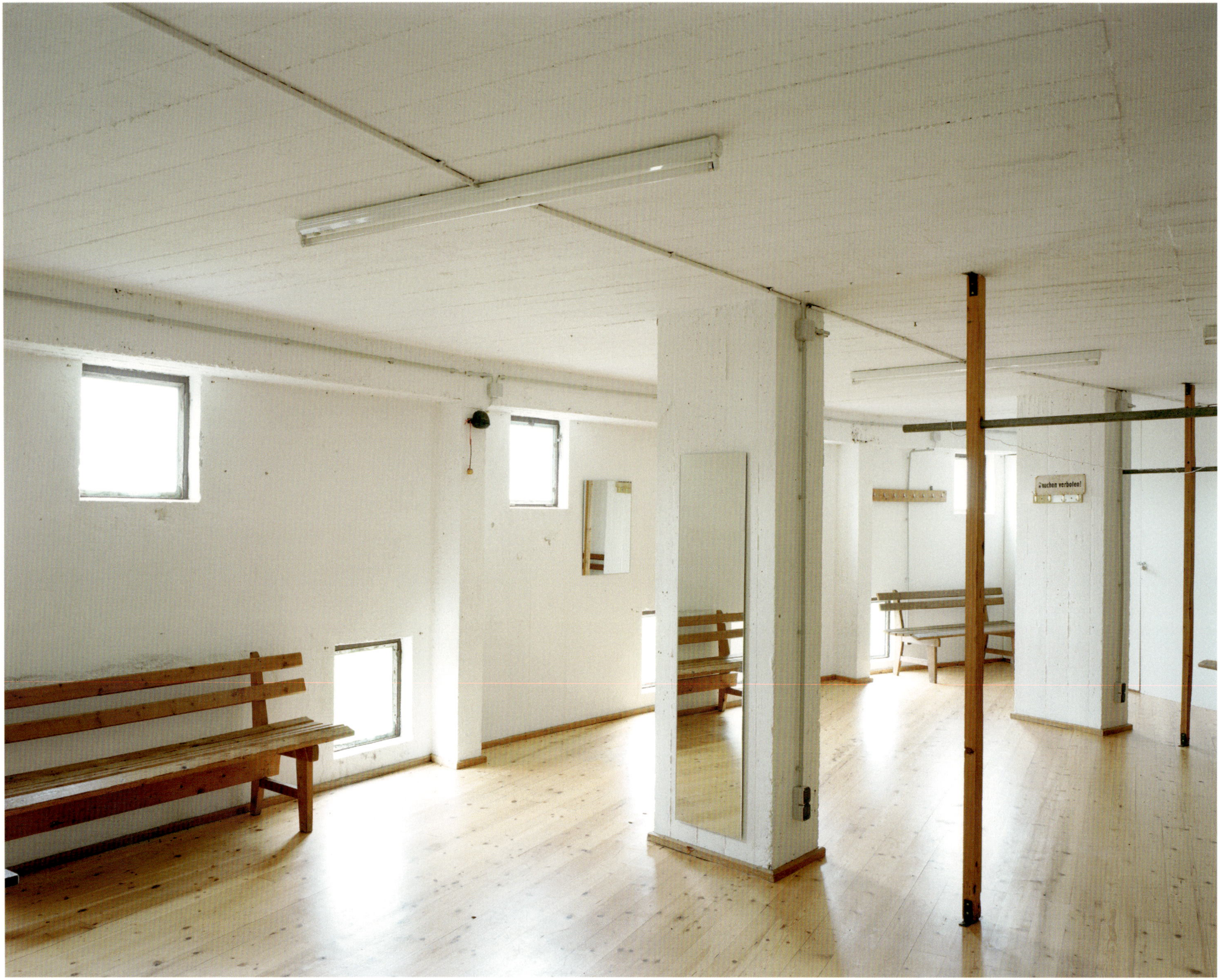
Rauchen verboten!

85

Passionsspielhaus Erl
Robert Schuller
Ausführung 1956–1959

82 Straßenansicht
83 Eingangsbereich
84 Künstlergarderobe
85 Zuschauersaal

Kraftwerk Imst

1953–1956

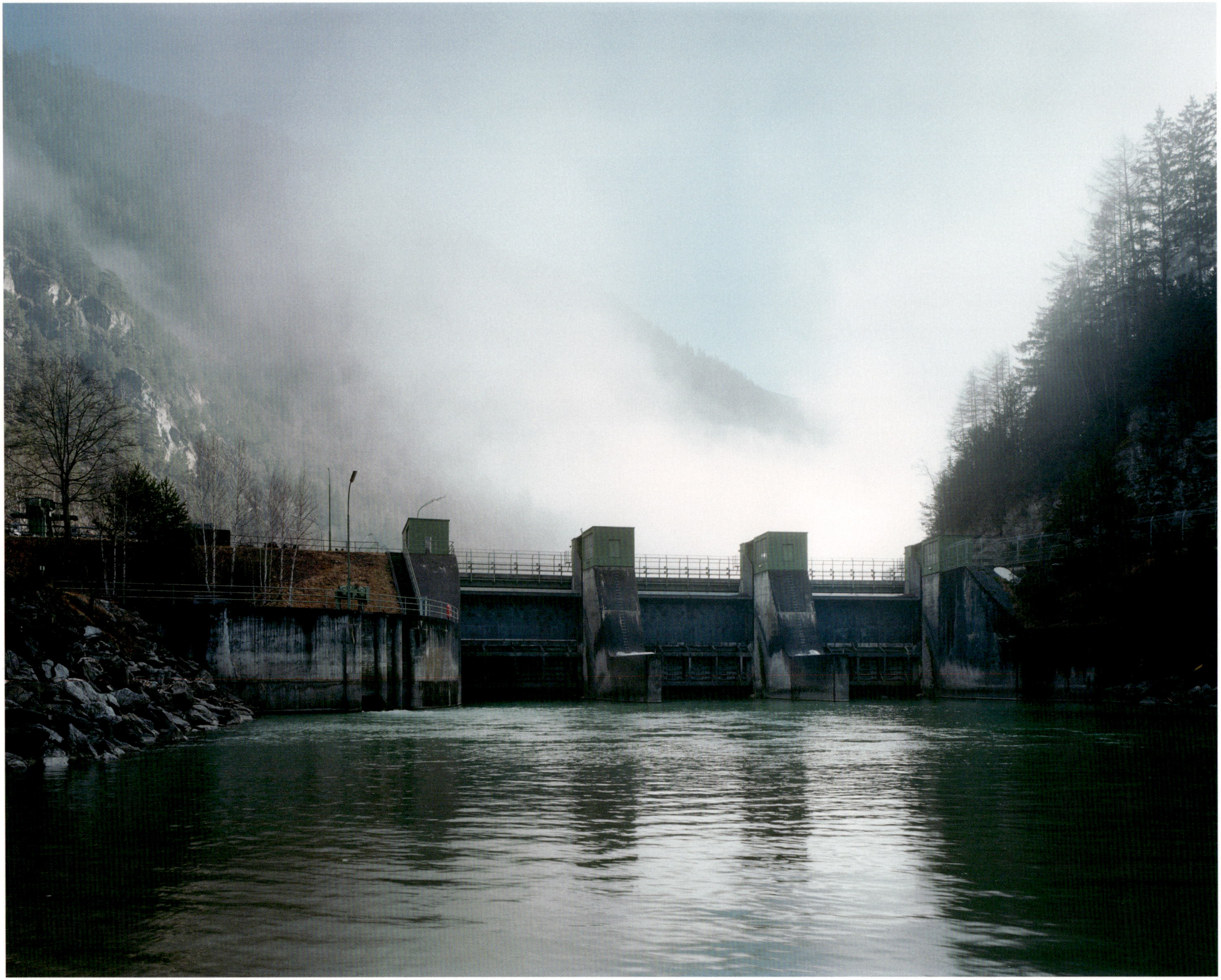

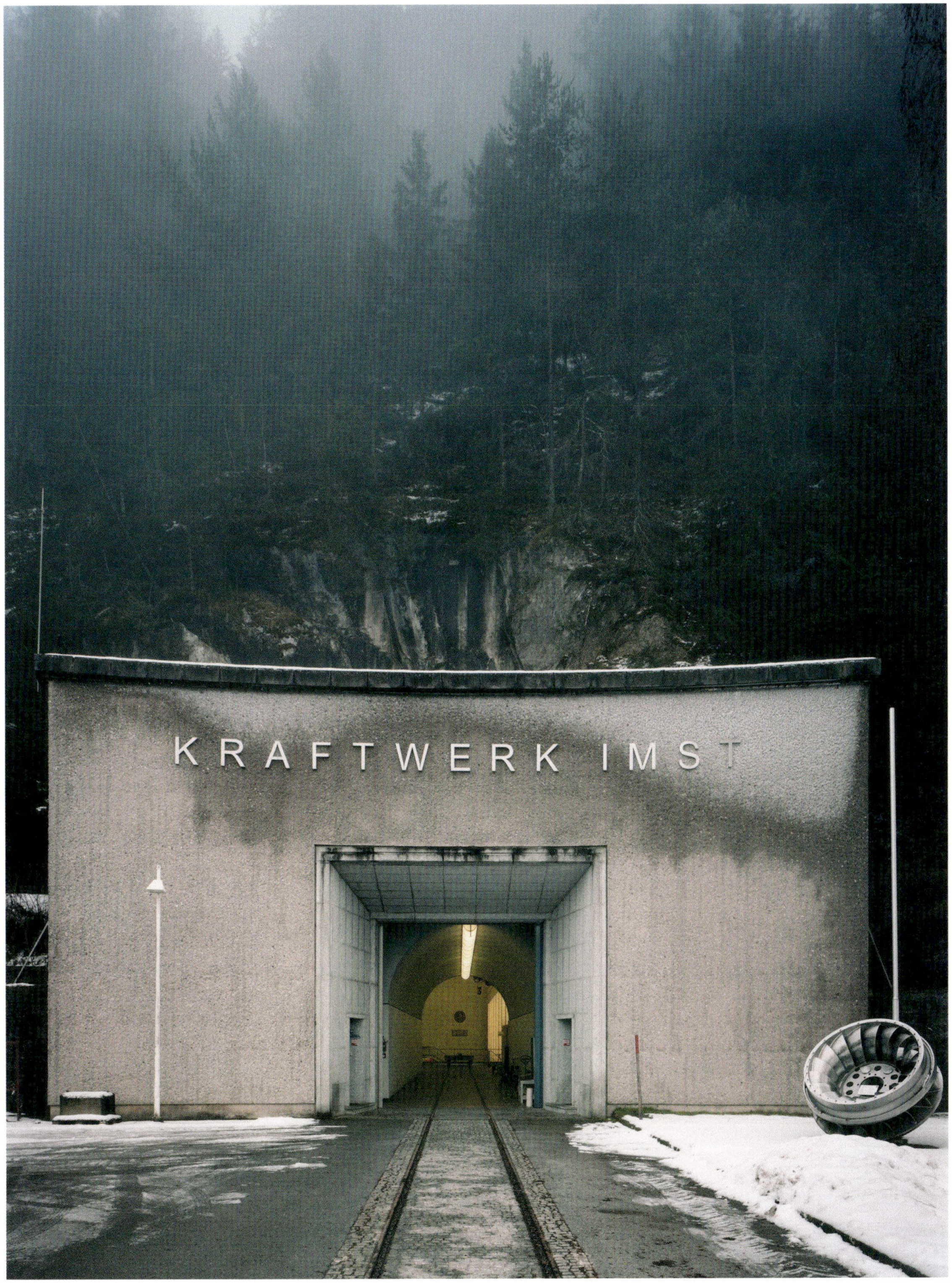
KRAFTWERK IMST

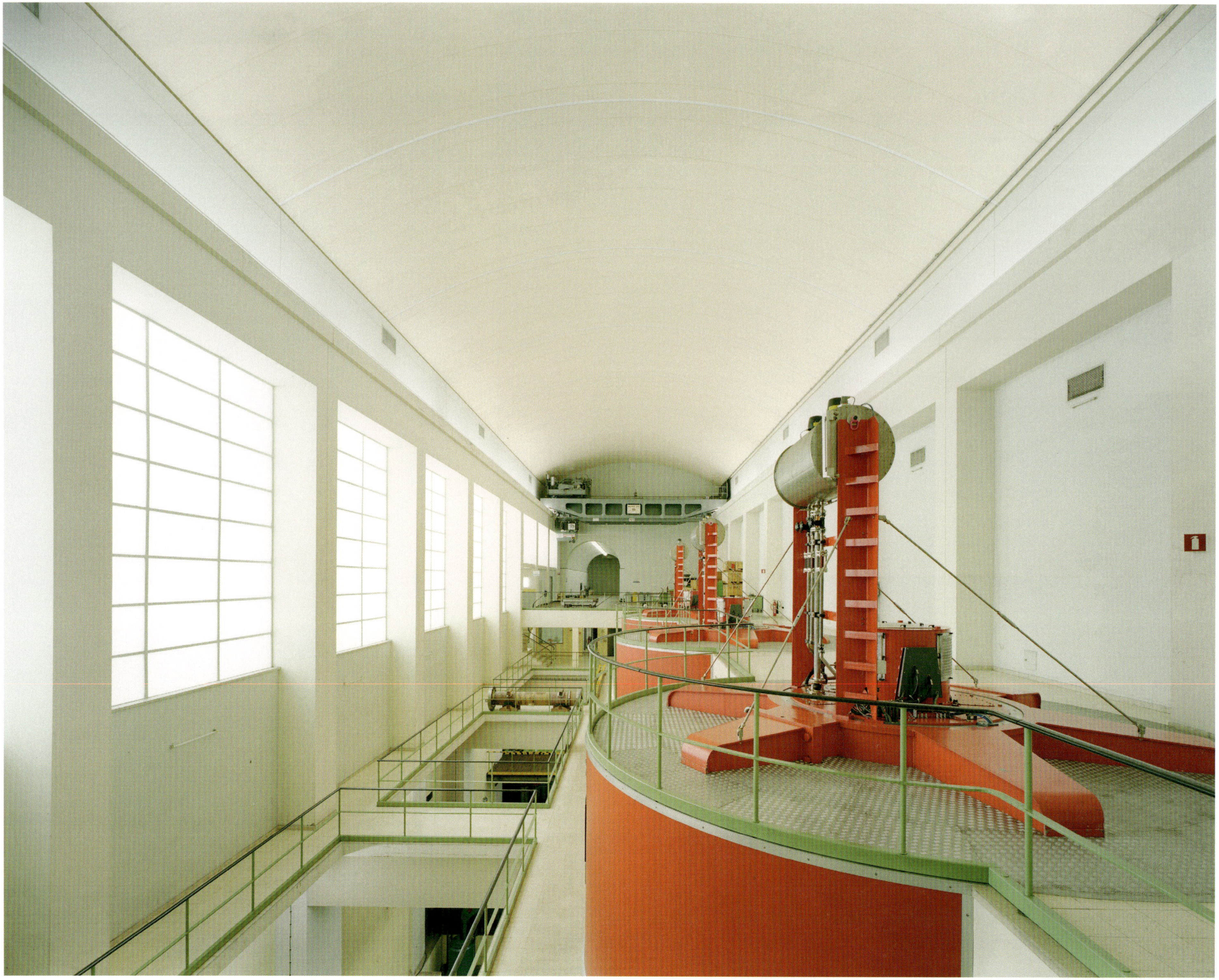

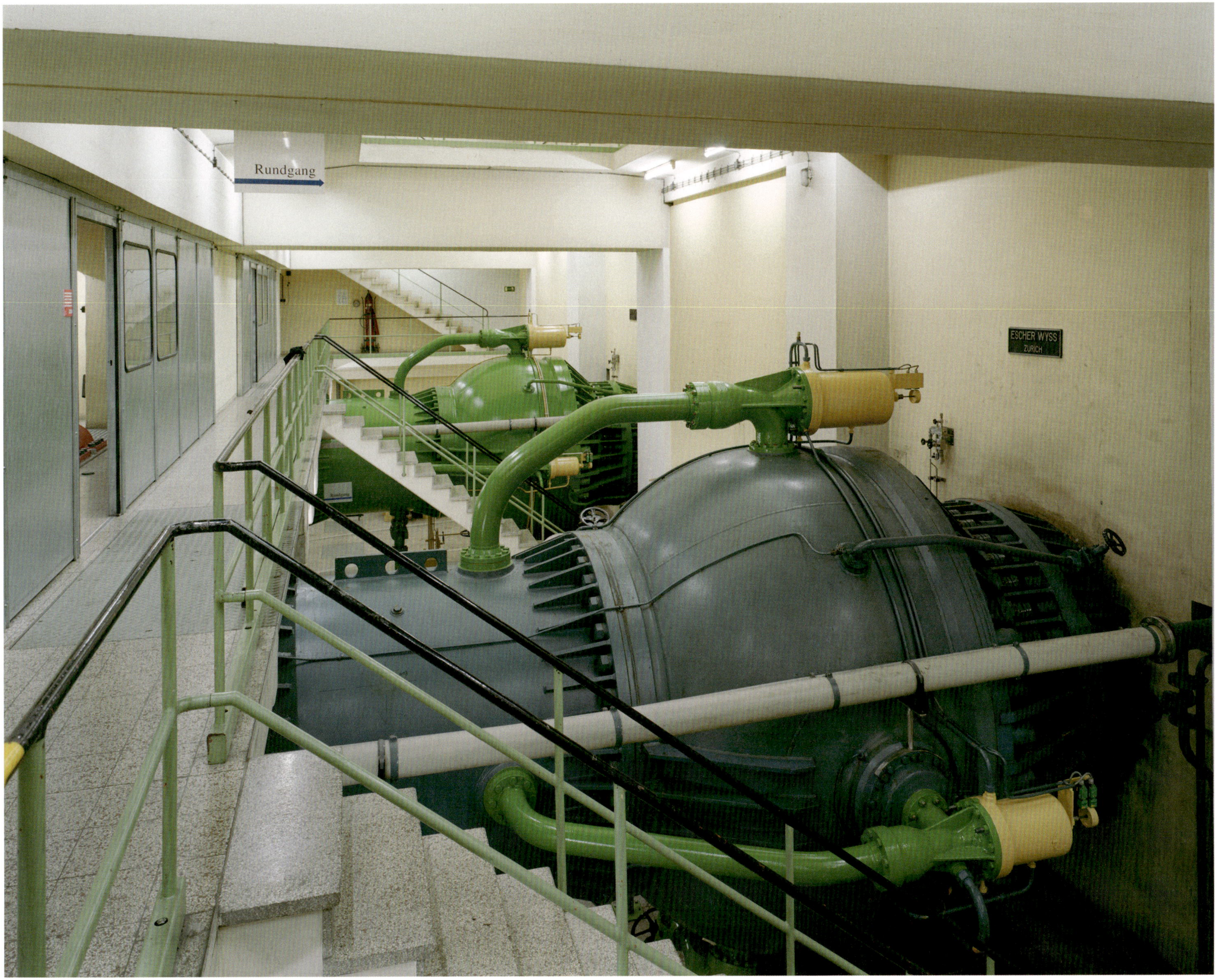
Rundgang
ESCHER WYSS
ZÜRICH

Kraftwerk Imst
Au 1, 6491 Imsterberg
Robert Steiner
Ausführung 1953–1956

88 Wehranlage Runserau
89 Außenansicht
90 Innenansicht Kraftkaverne
91 Kugelschieber

Gartenbaukino Wien

1960

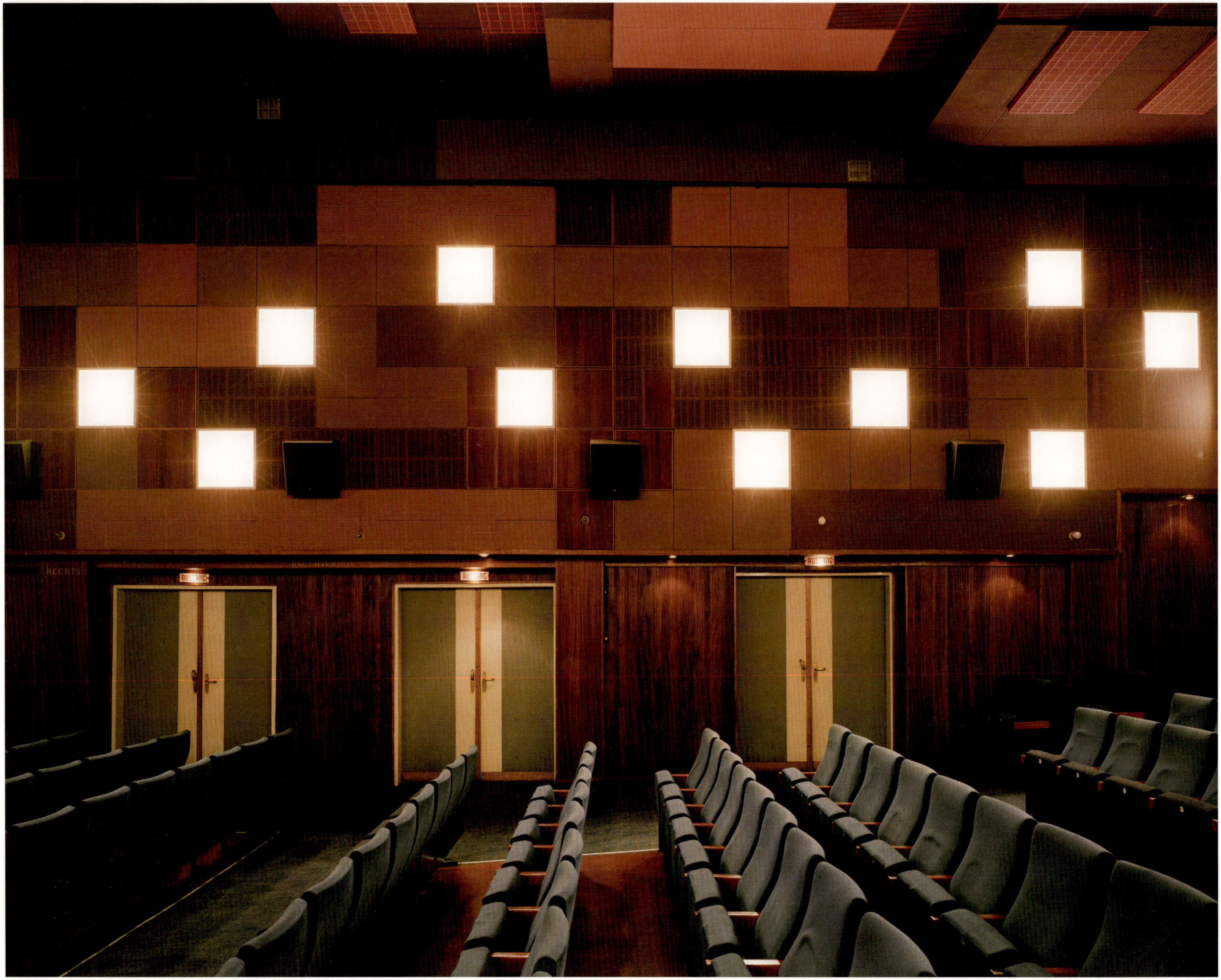
RECHTS

95

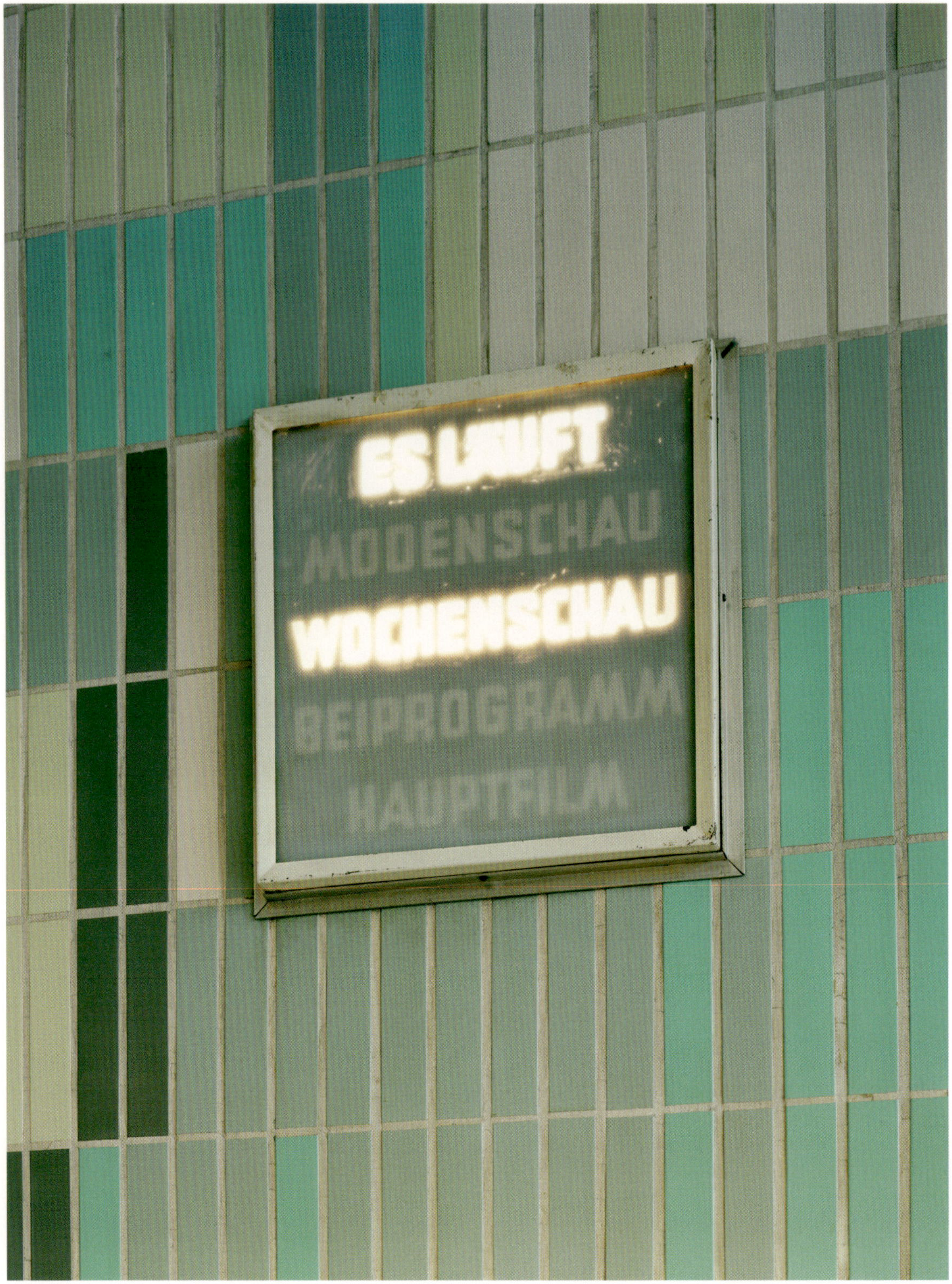
ES LÄUFT
MODENSCHAU
WOCHENSCHAU
BEIPROGRAMM
HAUPTFILM

97

Gartenbaukino
Parkring 12, 1010 Wien
Robert Kotas
Ausführung 1960

94   Kinosaal, Detail
95   Ausgang vorne
96   Leuchtschild im Foyer
97   Kinosaal

Wien Museum

1954–1959

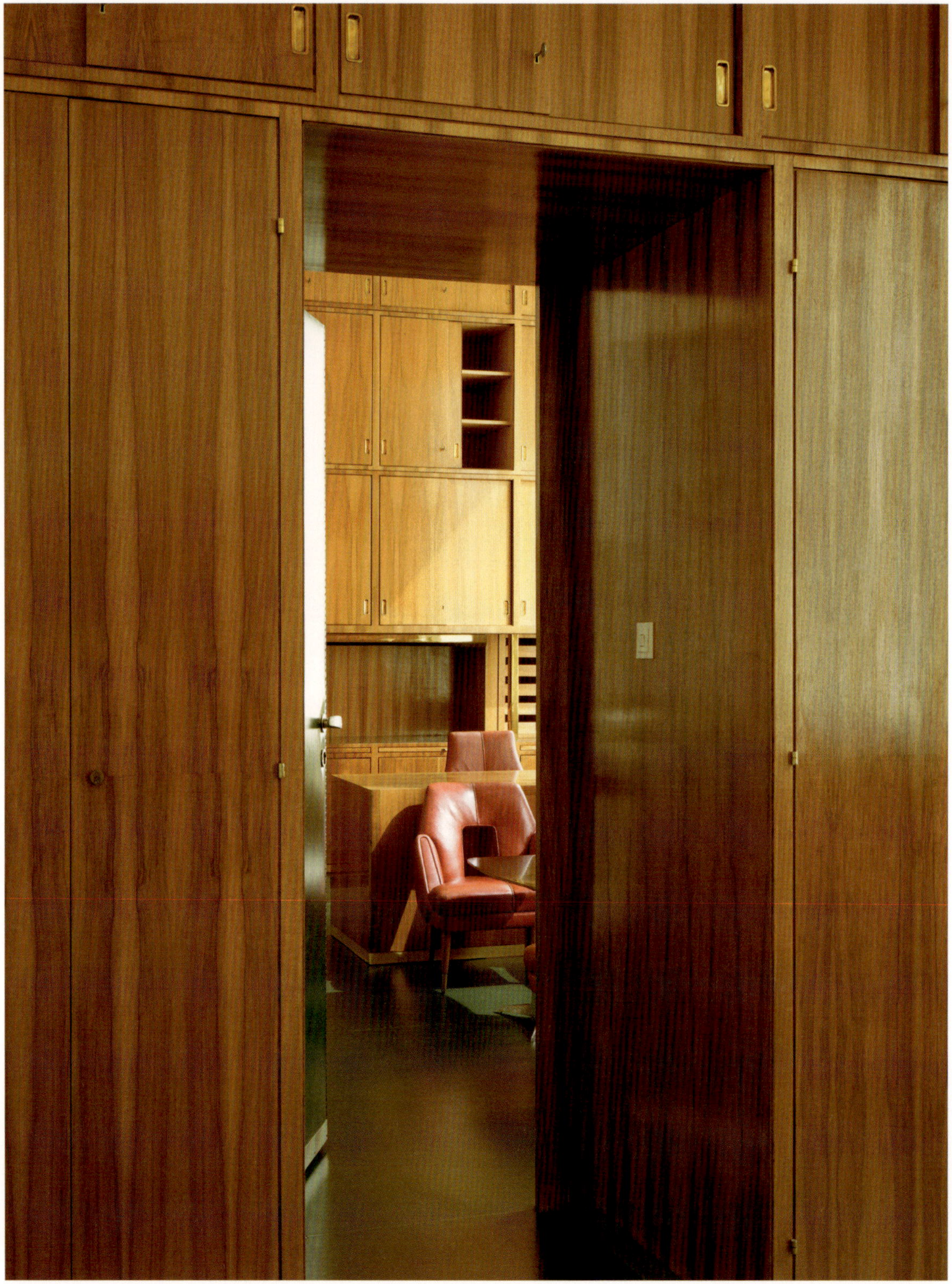

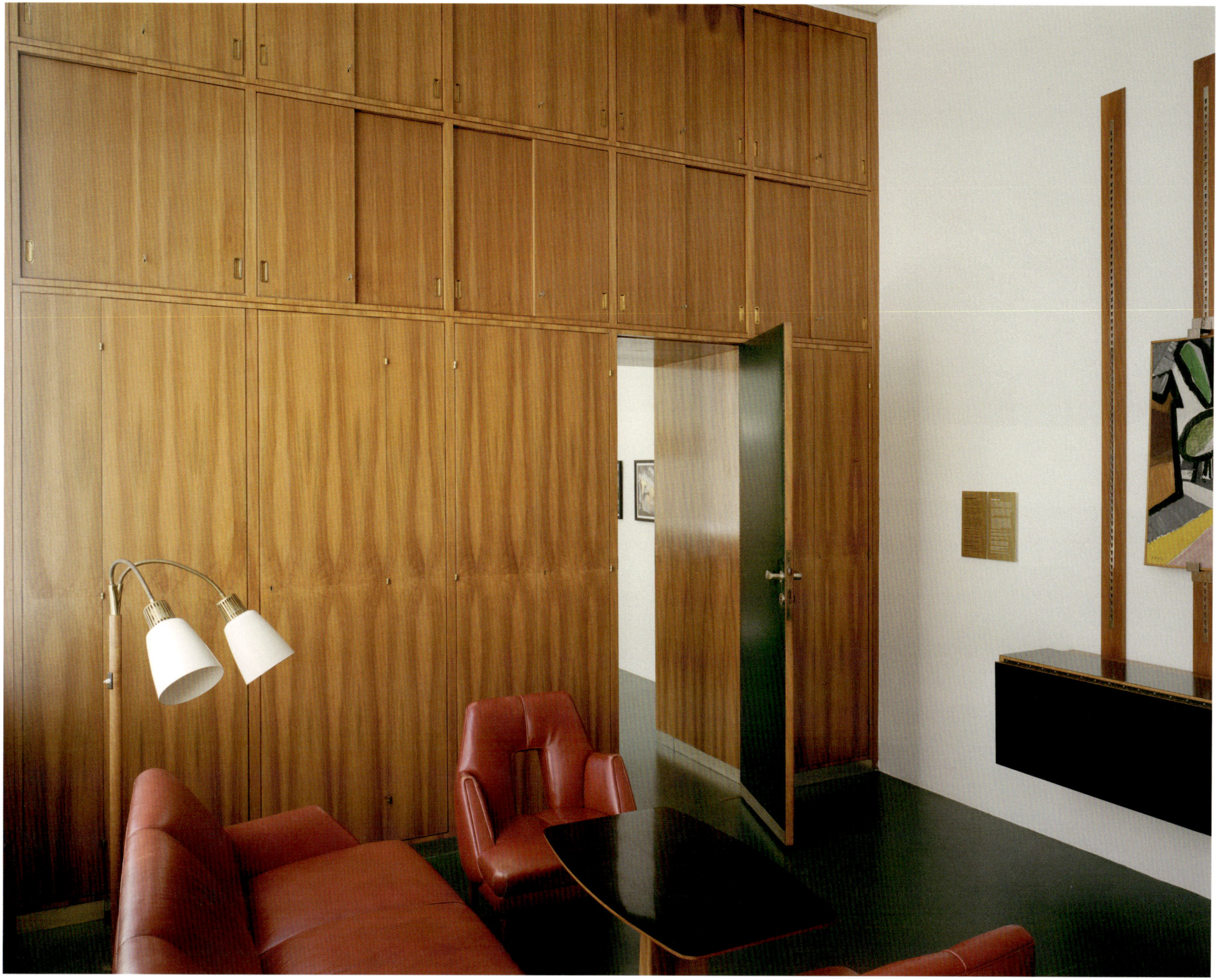

102

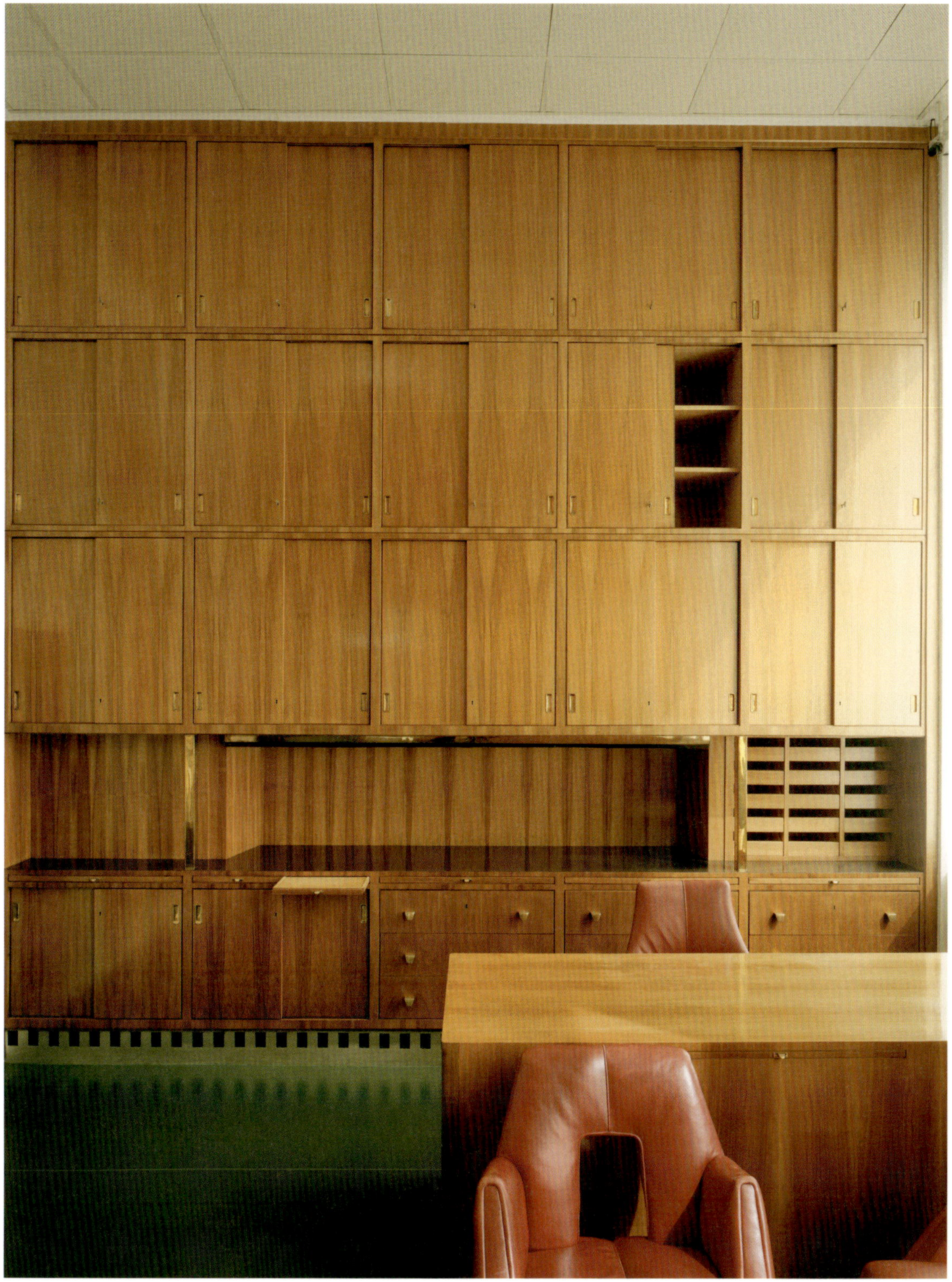

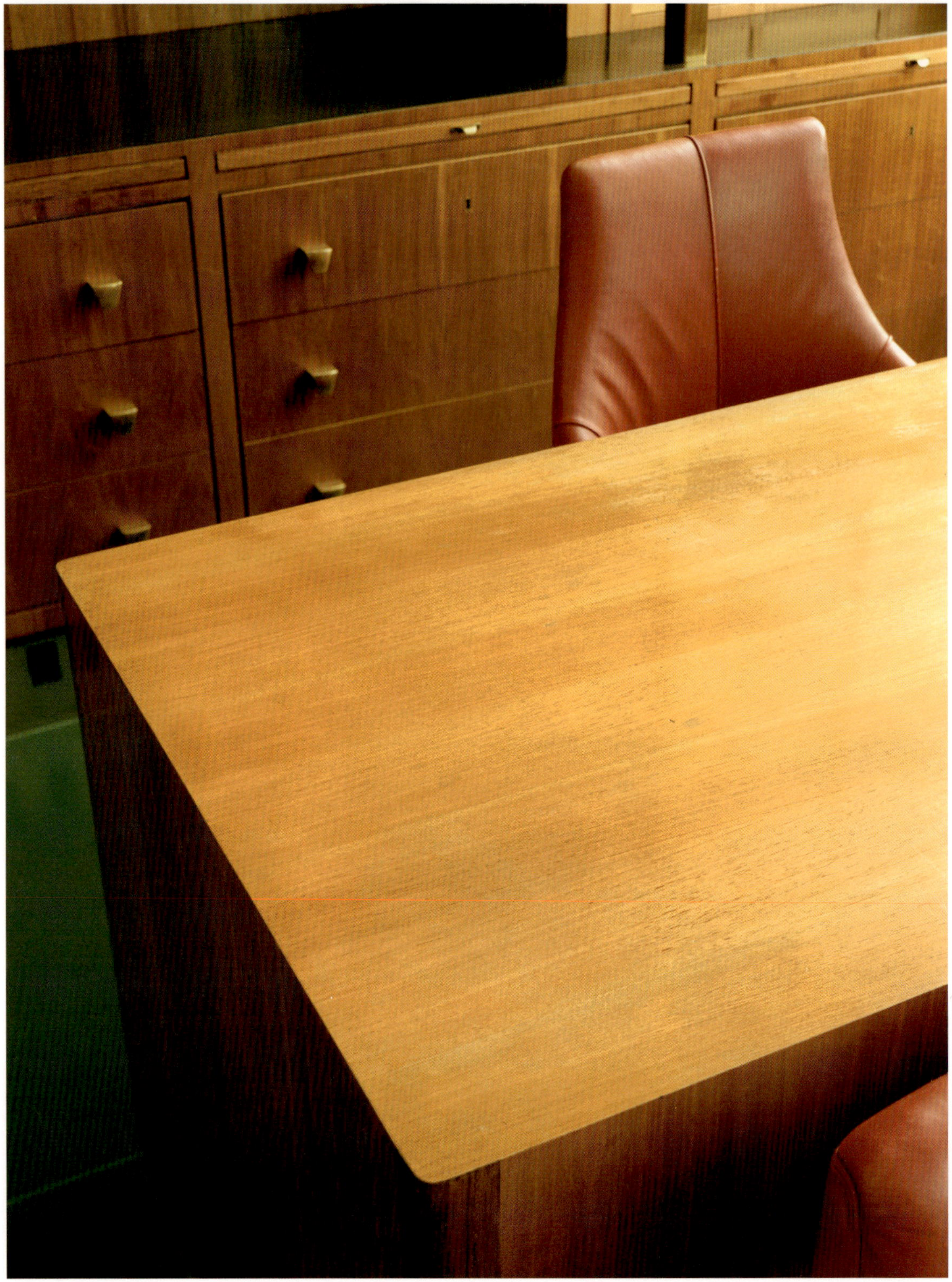

105

Direktionsbüro, Wien Museum
Karlsplatz, 1040 Wien
Oswald Haerdtl
Ausführung 1953–1959

100	Blick vom Sekretariat
101	Direktionsbüro
102	Sitzgruppe, Detail
103	Wandschrank
104	Schreibtisch, Detail
105	Wandschrank, Detail

Sender Bisamberg

1959

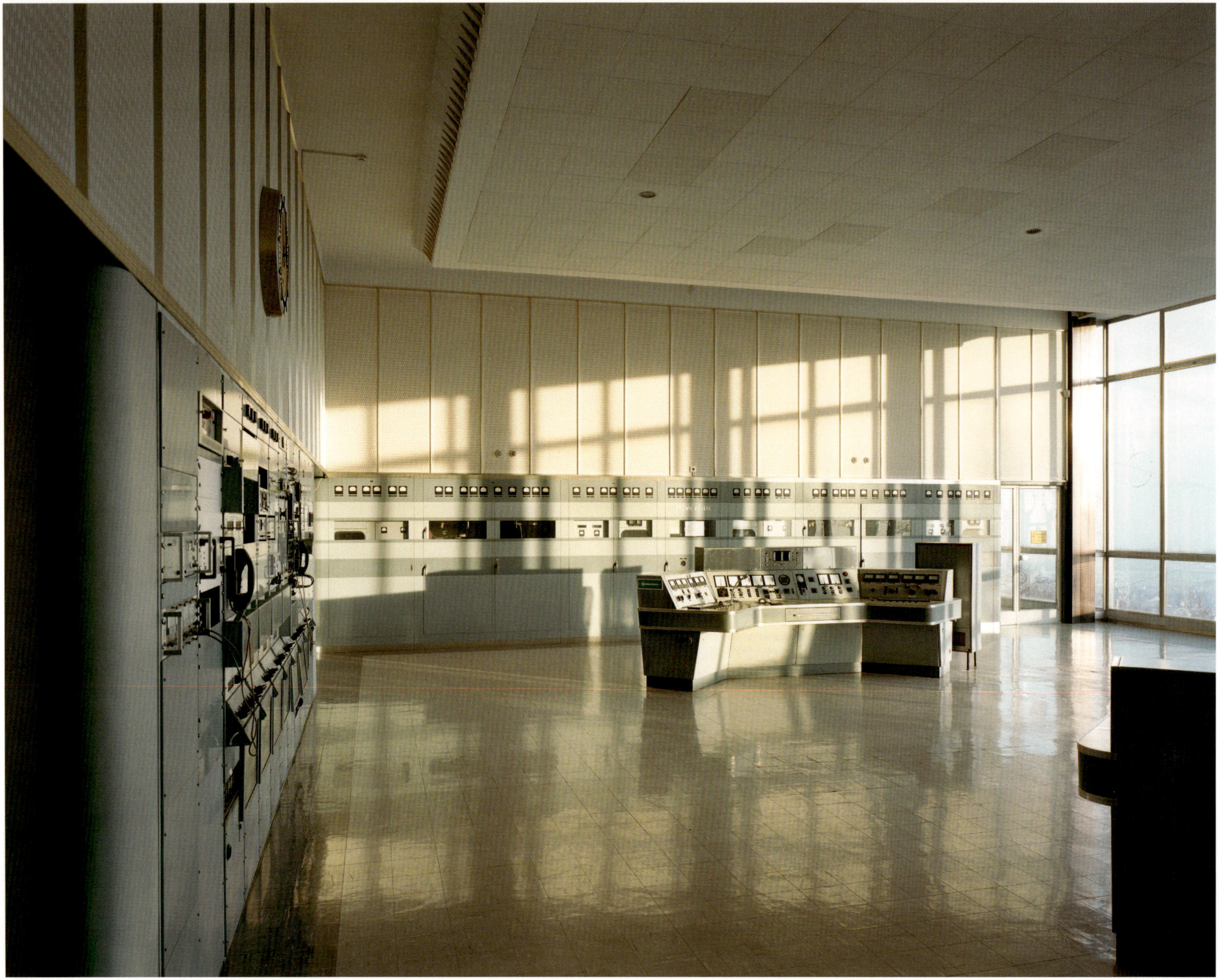

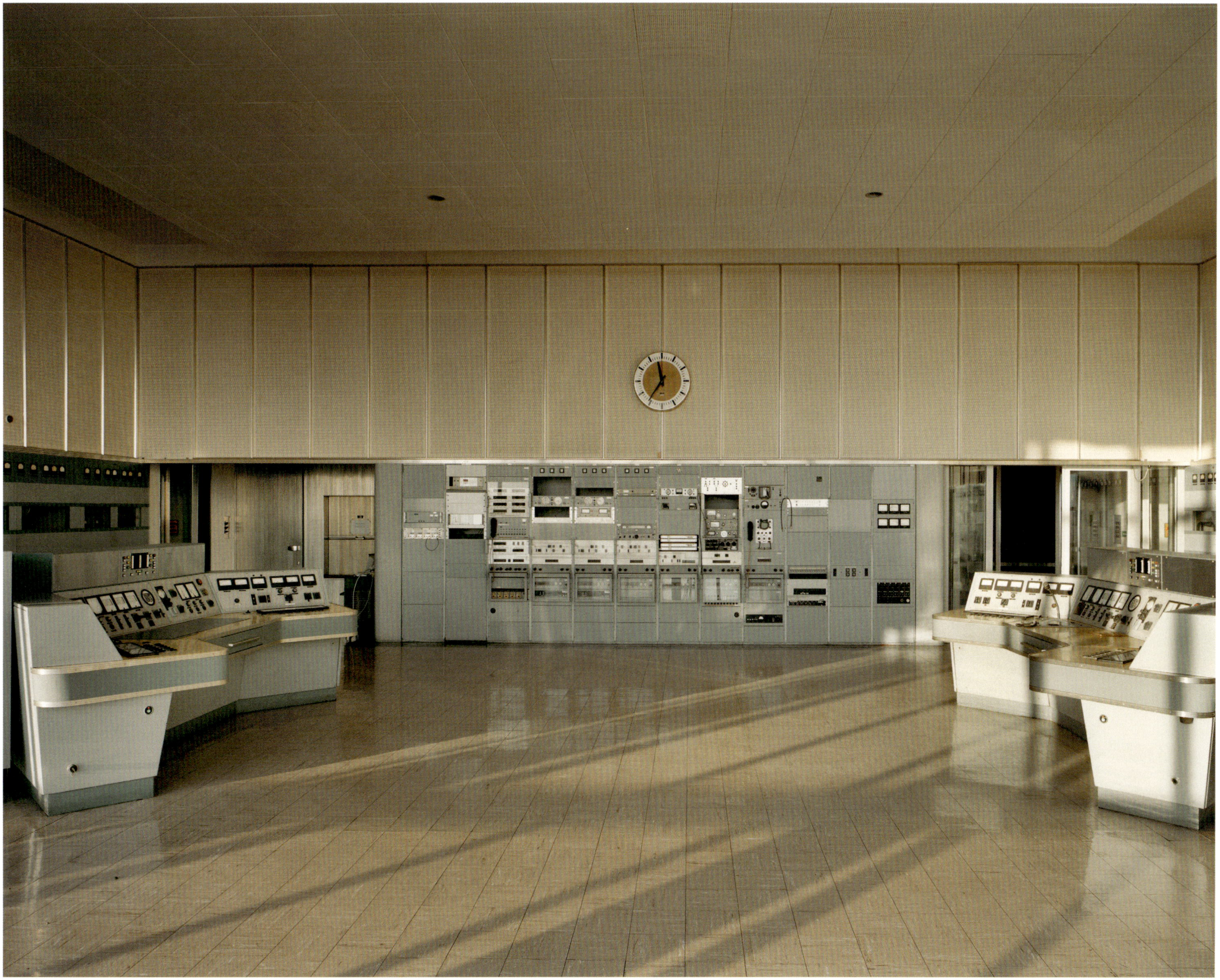

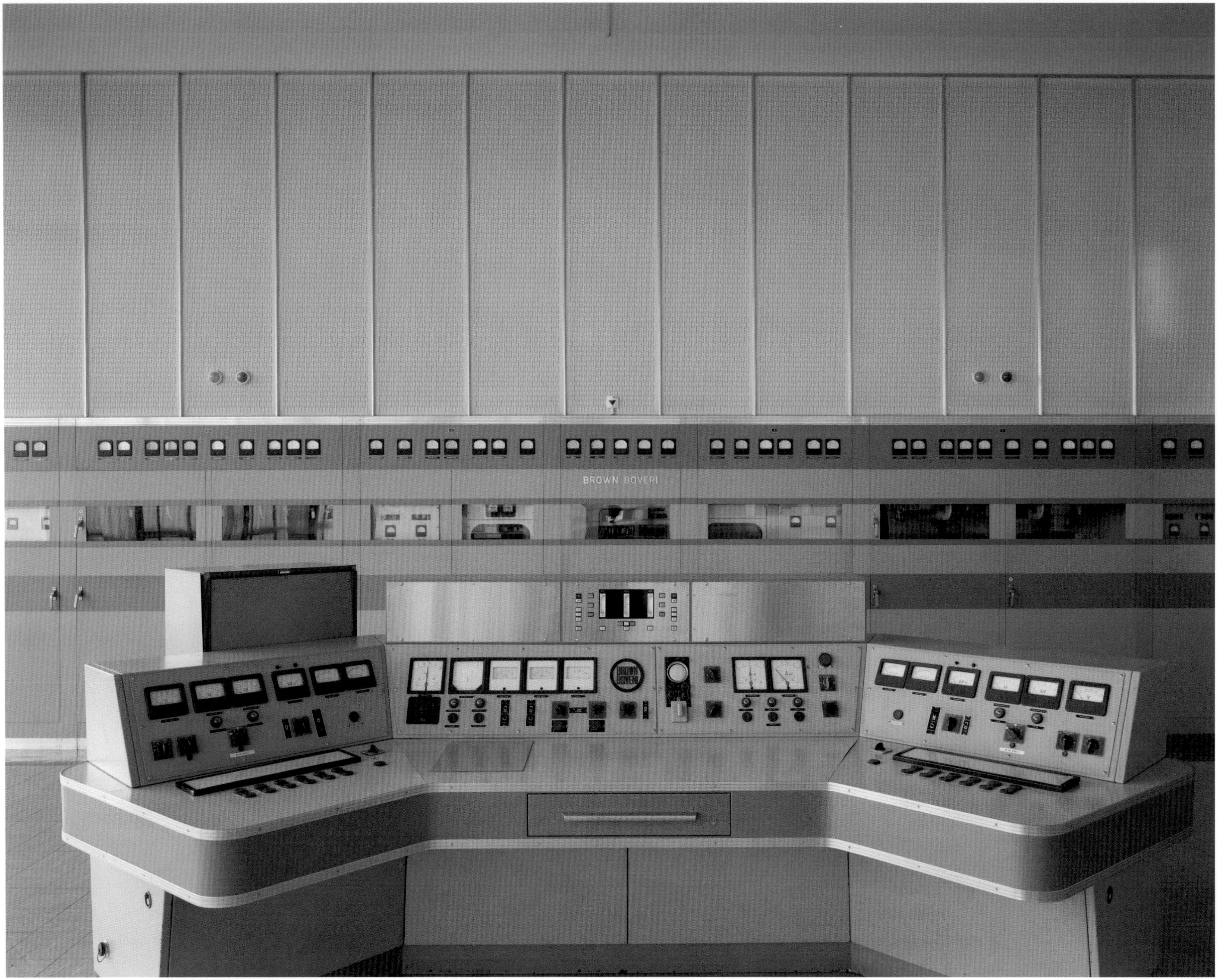
BROWN BOVERI

111

Sender Bisamberg
Senderstraße, Stammersdorf, 1210 Wien
Ausführung 1959

108, 109	Sendesaal
110	Sendesaal, Detail
111	Sendemast
	Sendesaal

Strandbad Gänsehäufel Wien

1948–1950

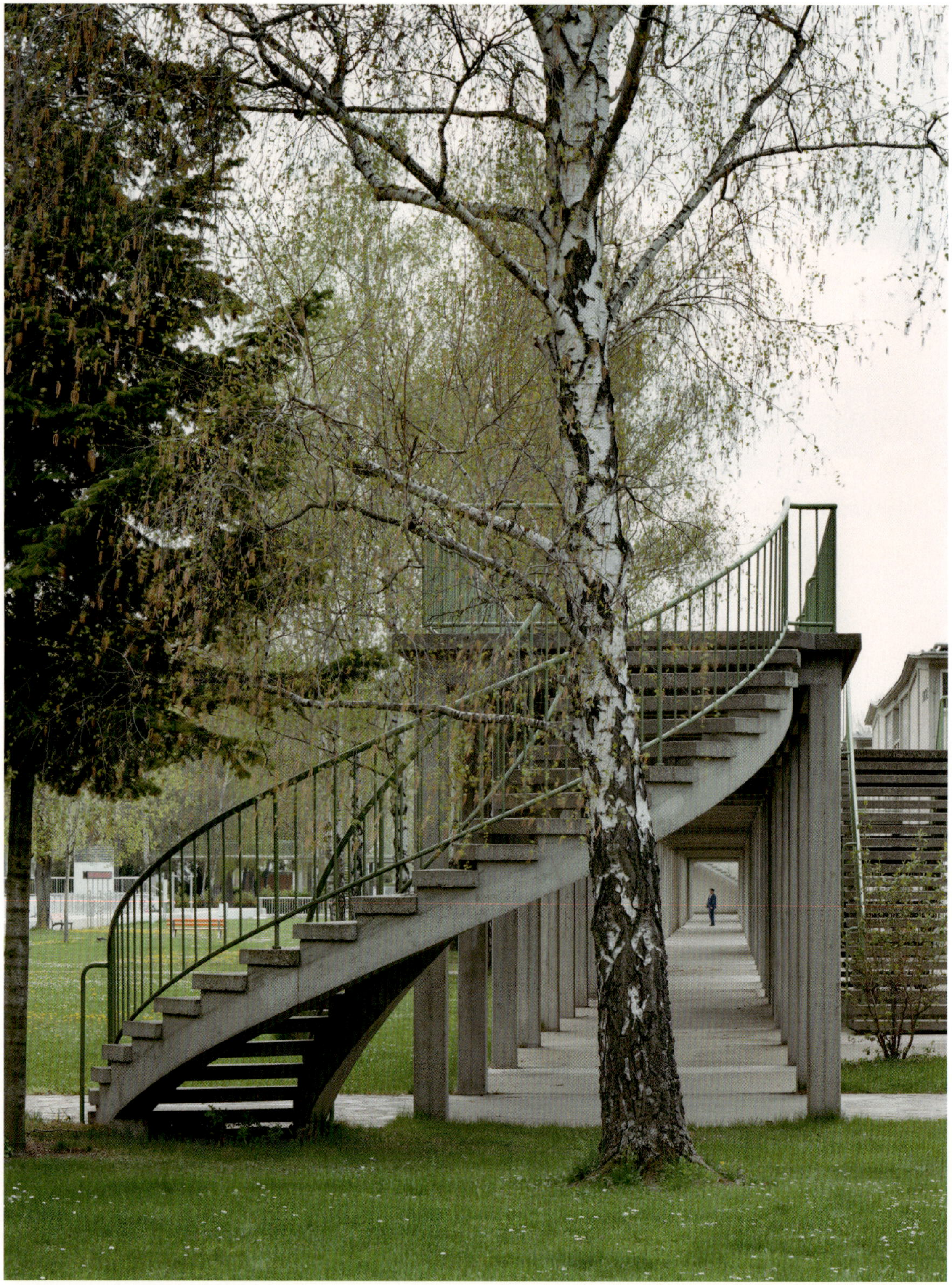

115

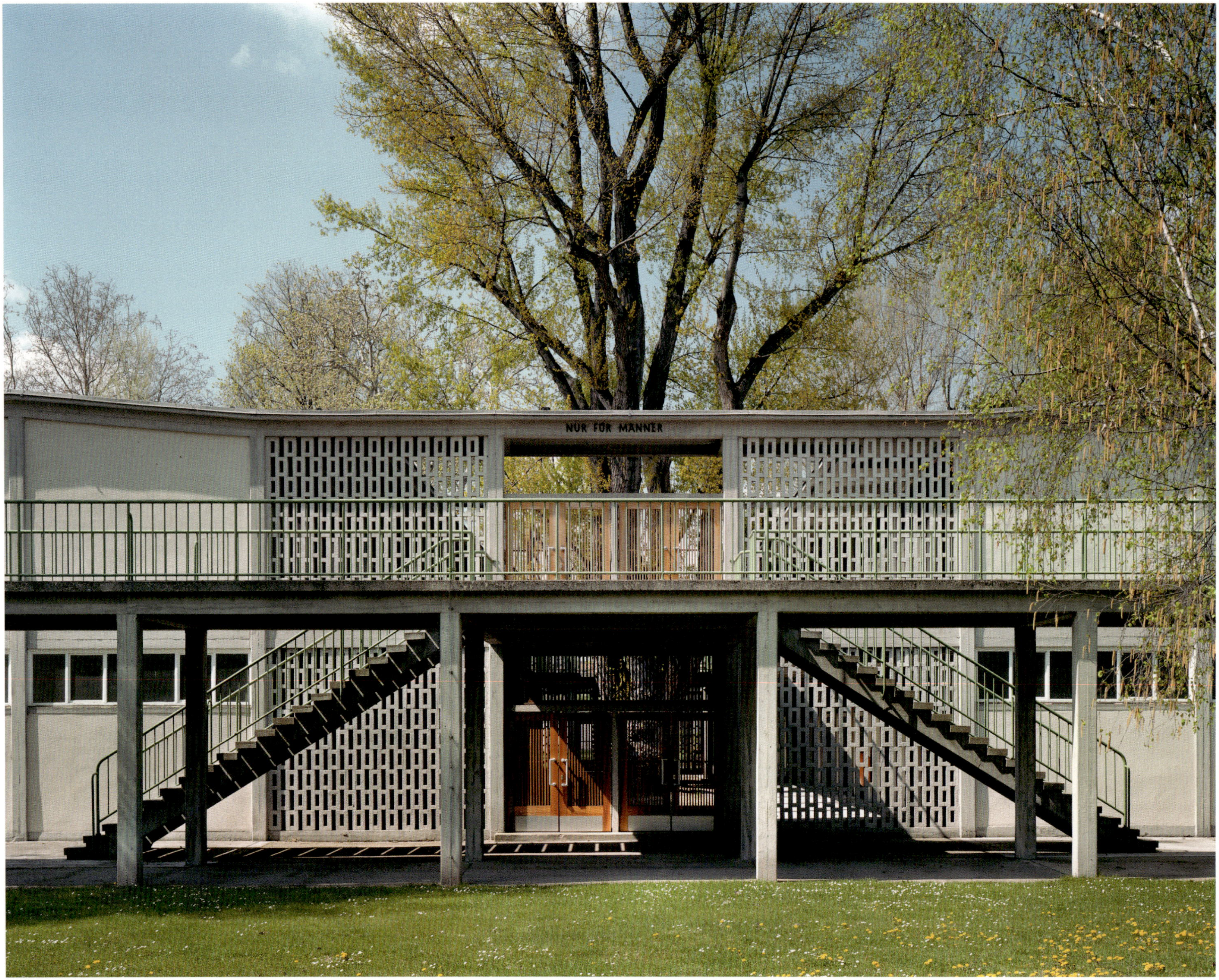
NUR FÜR MÄNNER

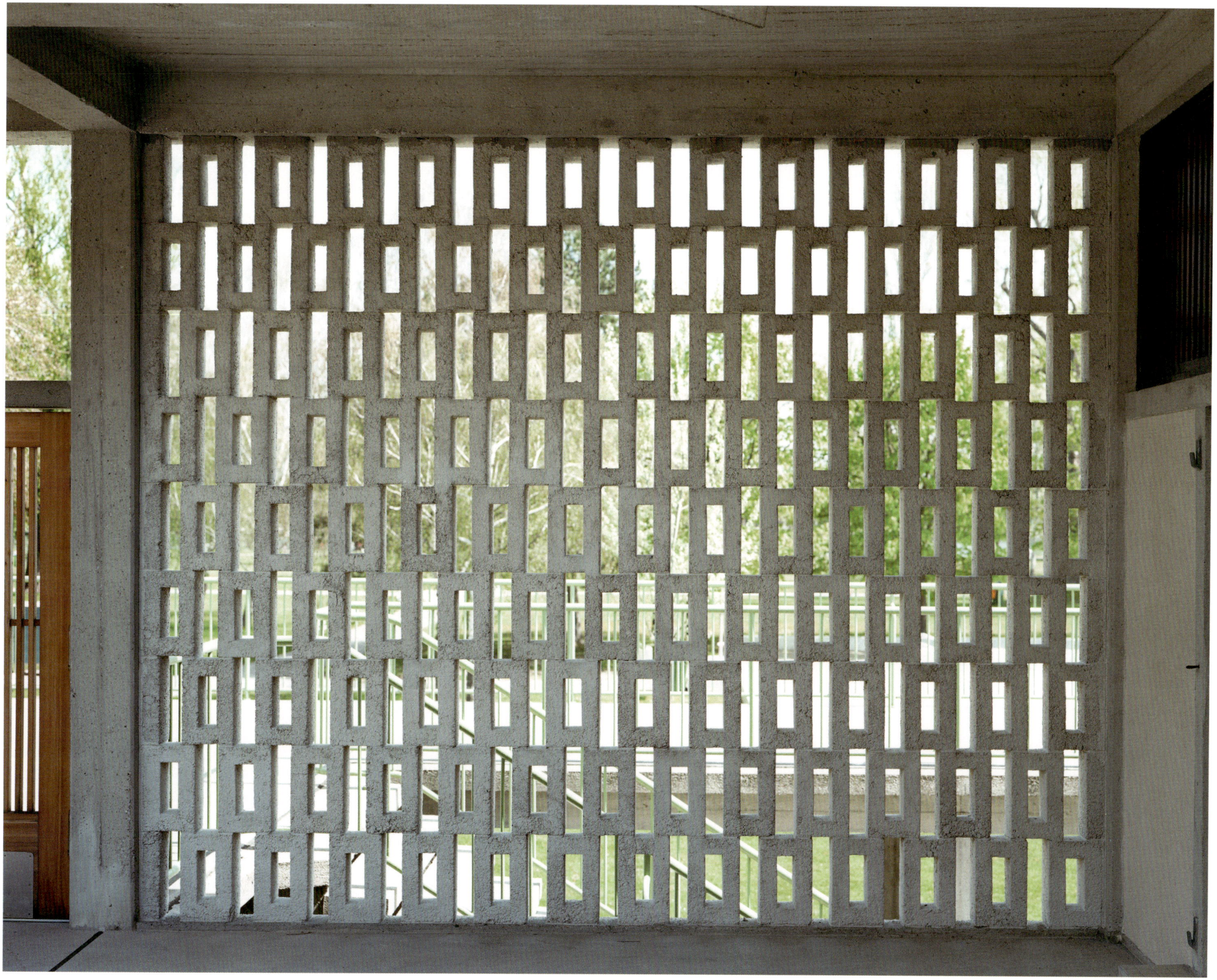

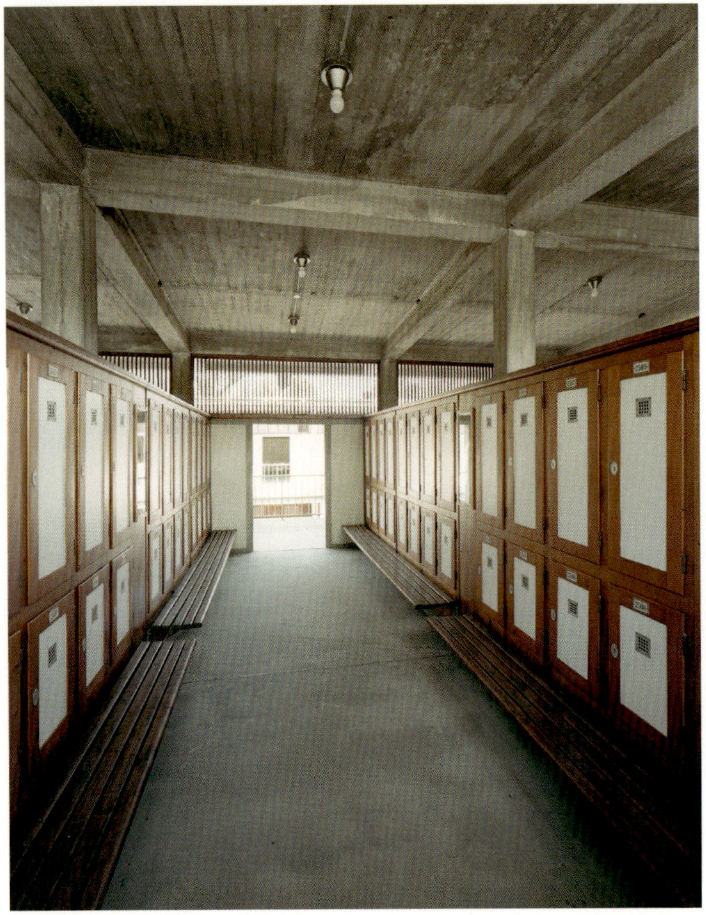

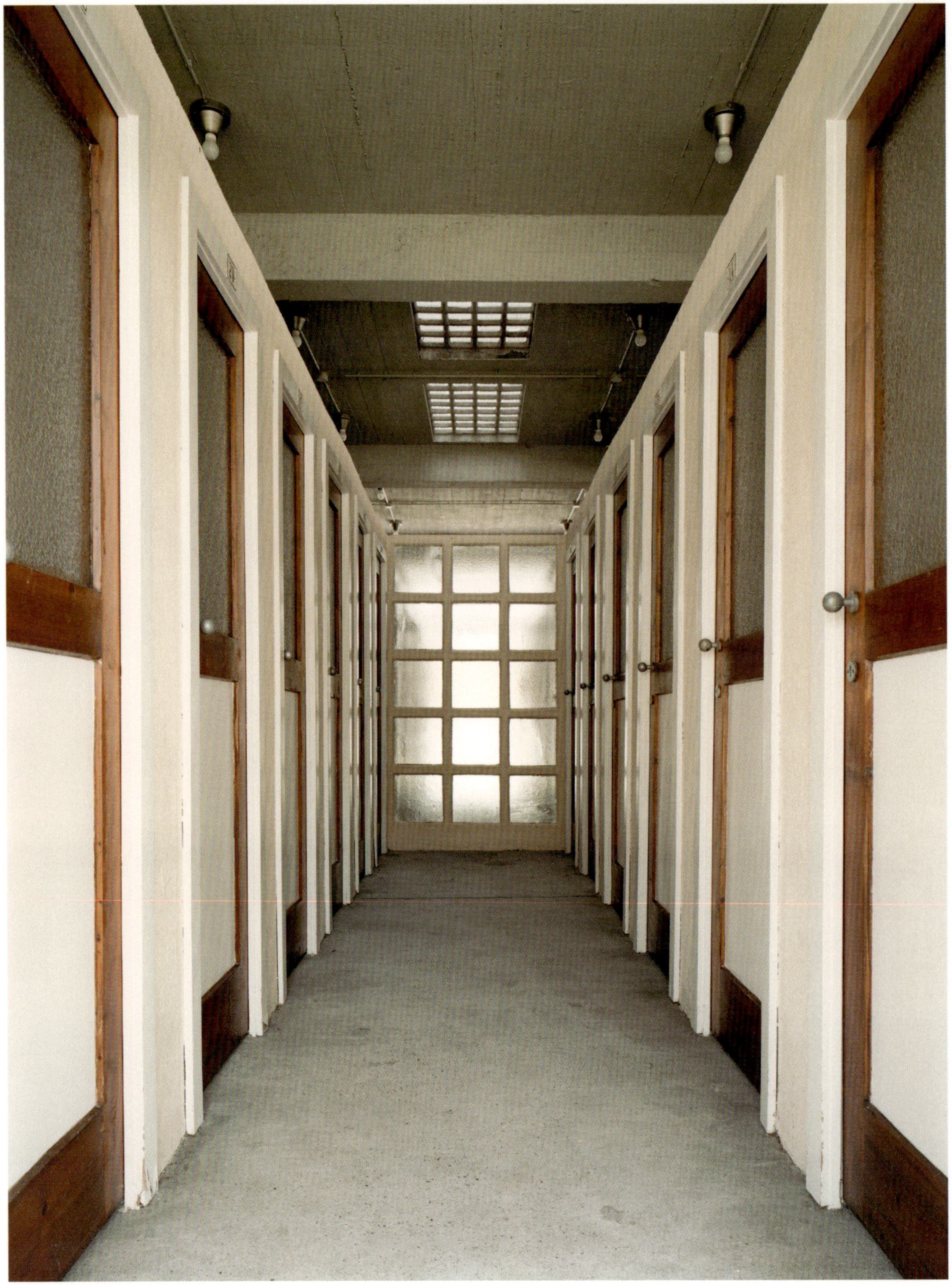

119

Strandbad Gänsehäufel
Moissigasse 21, 1220 Wien
Max Fellerer, Eugen Wörle
Ausführung 1948–1950

114 Laubengang
115 Kabinenturm
　　 Uhrturm mit Treppenspirale
116 Kästchenpavillon
117 Detail
118 Innenansichten
119 Außenansichten

Bundeskanzleramt Wien

1948

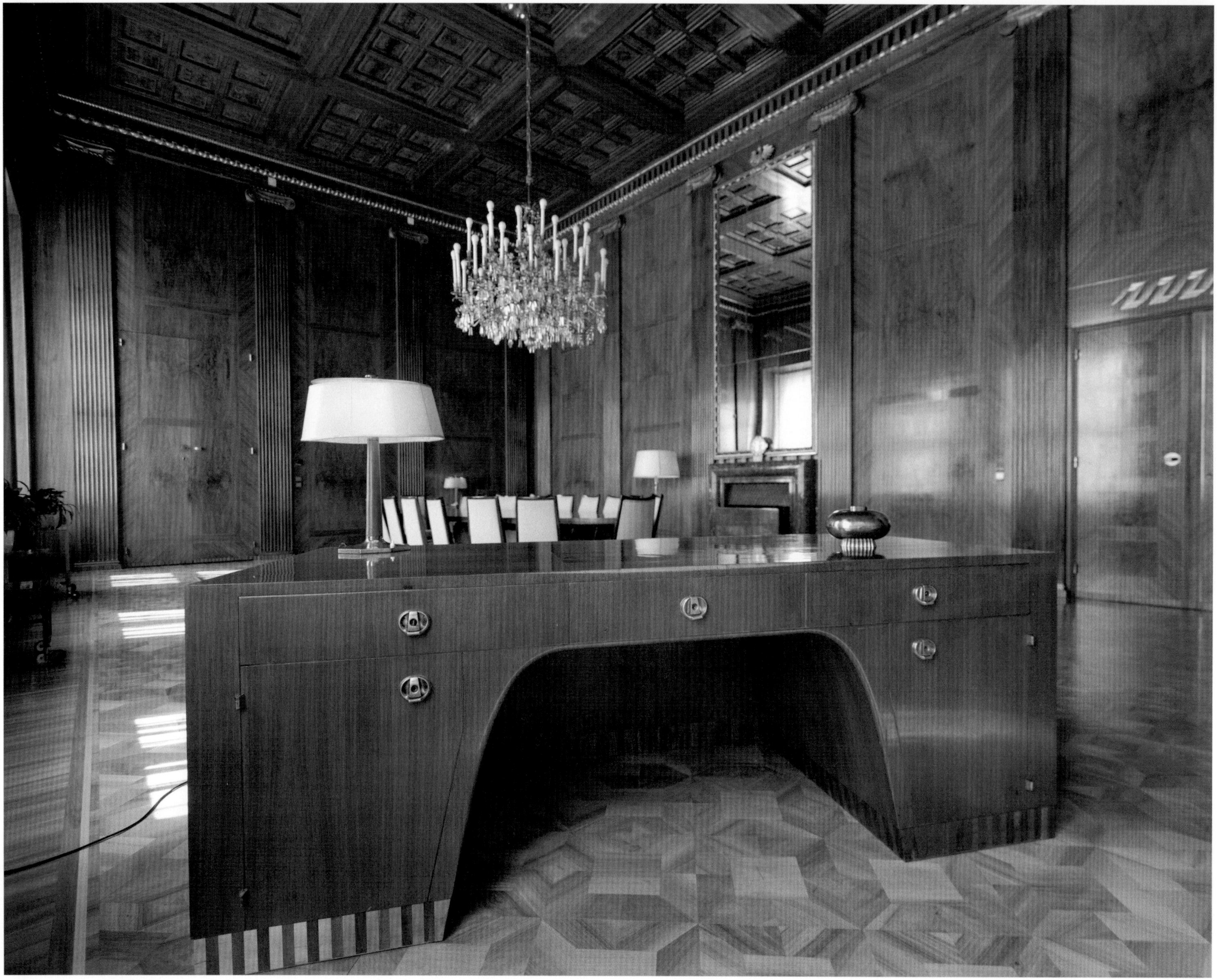

123

124

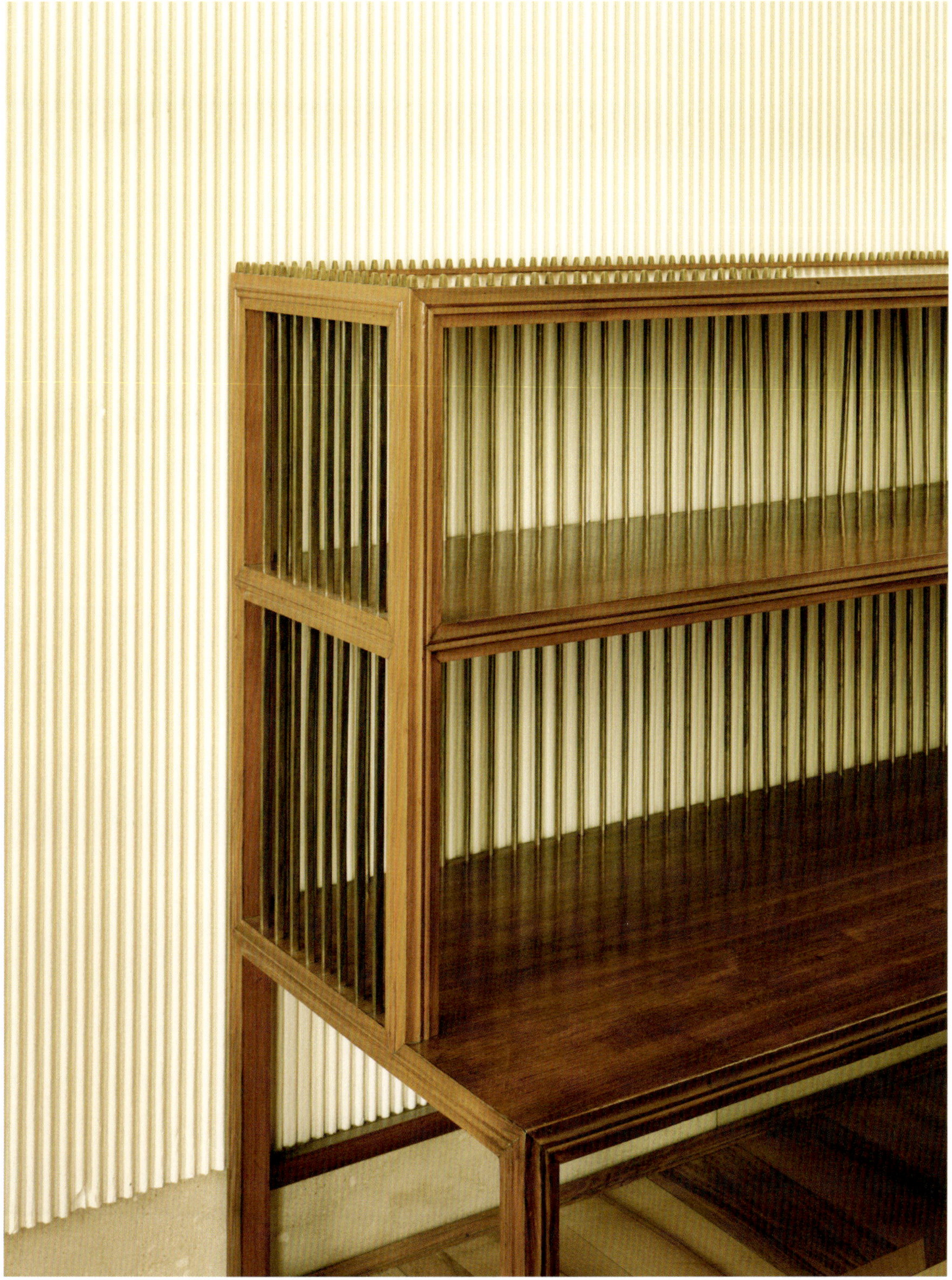

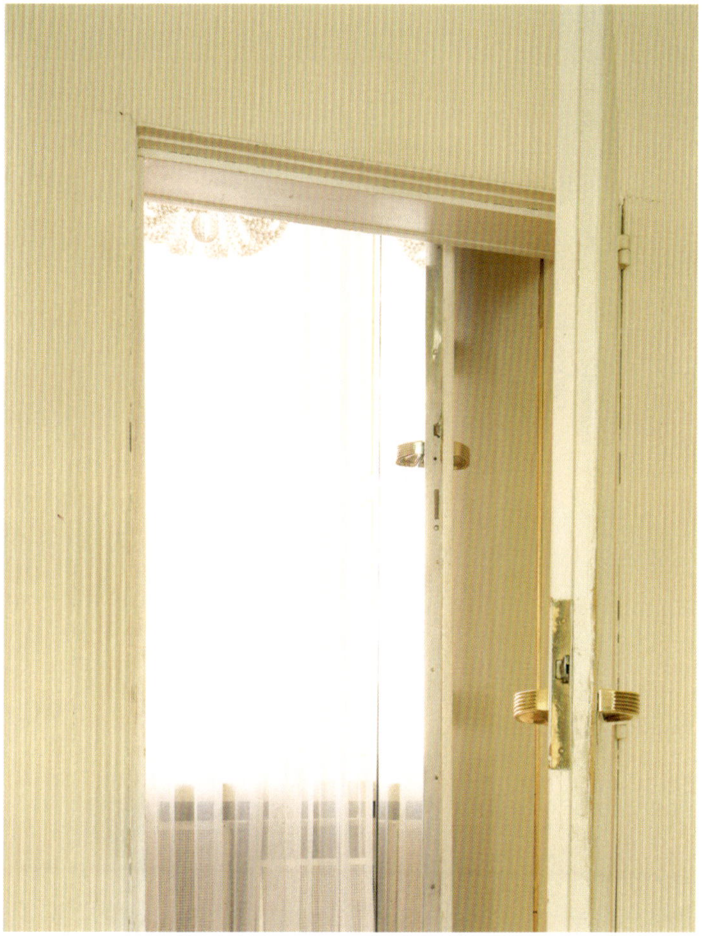

126

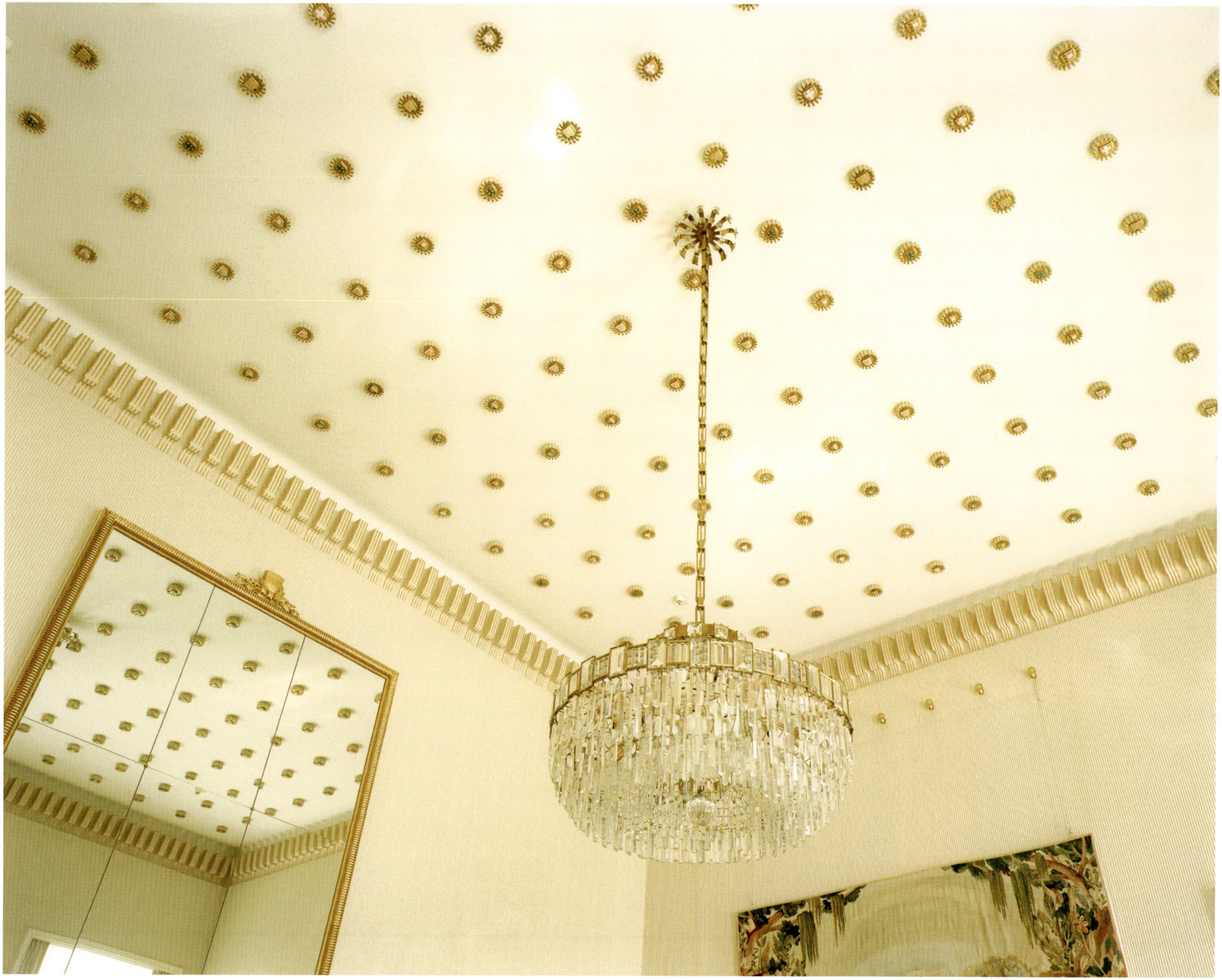

Historische Kanzlerzimmer, Bundeskanzleramt
Ballhausplatz 2, 1010 Wien
Oswald Haerdtl
Ausführung 1948

122	Schreibtisch
123	Wandvertäfelung mit Kamin
	Wandvertäfelung mit Schreibtisch
124	Wandschrank, Detail
	Sekretär
125	Regal
	Doppeltür
126	Details
127	Decke

Parlament Wien

1955–1956

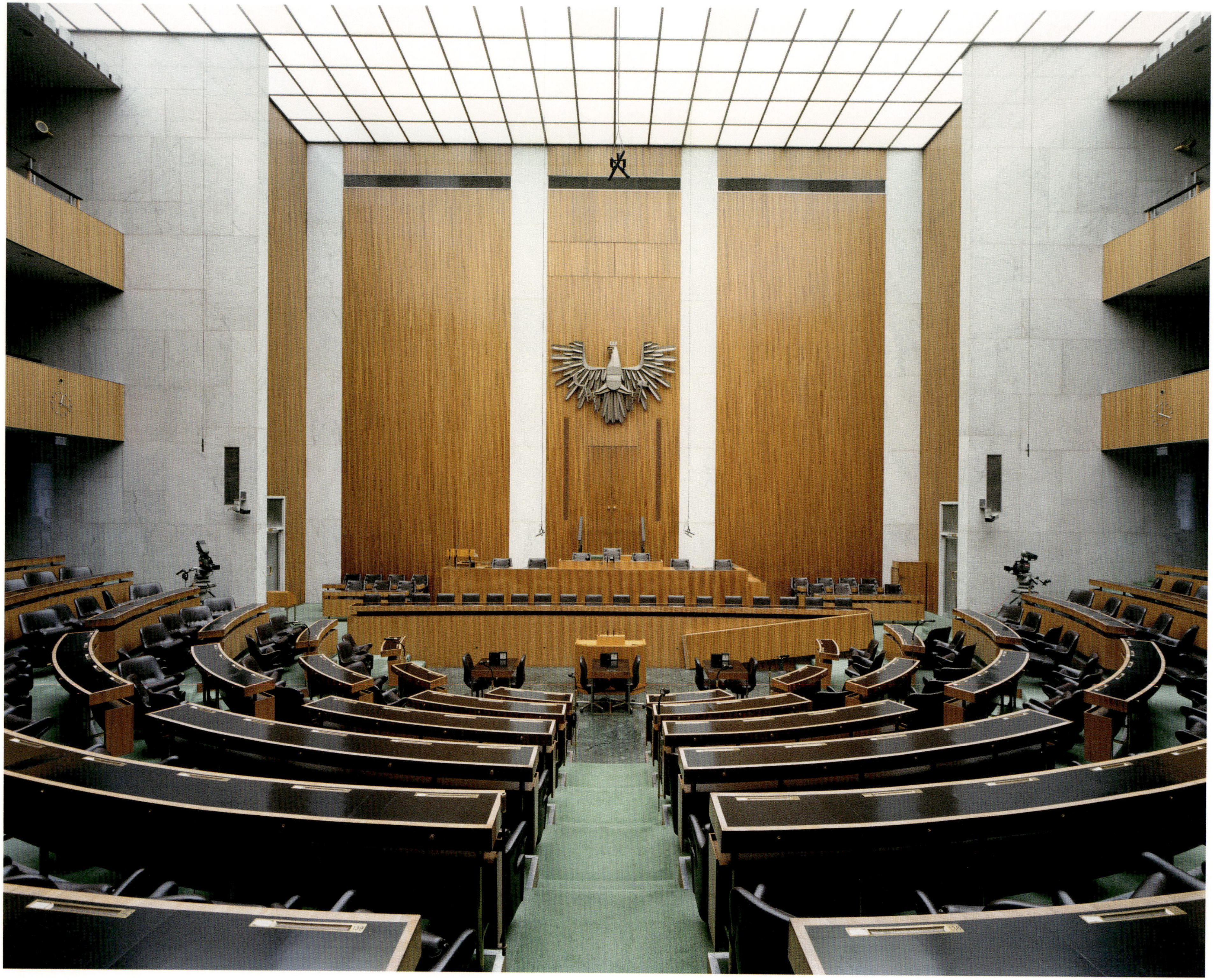

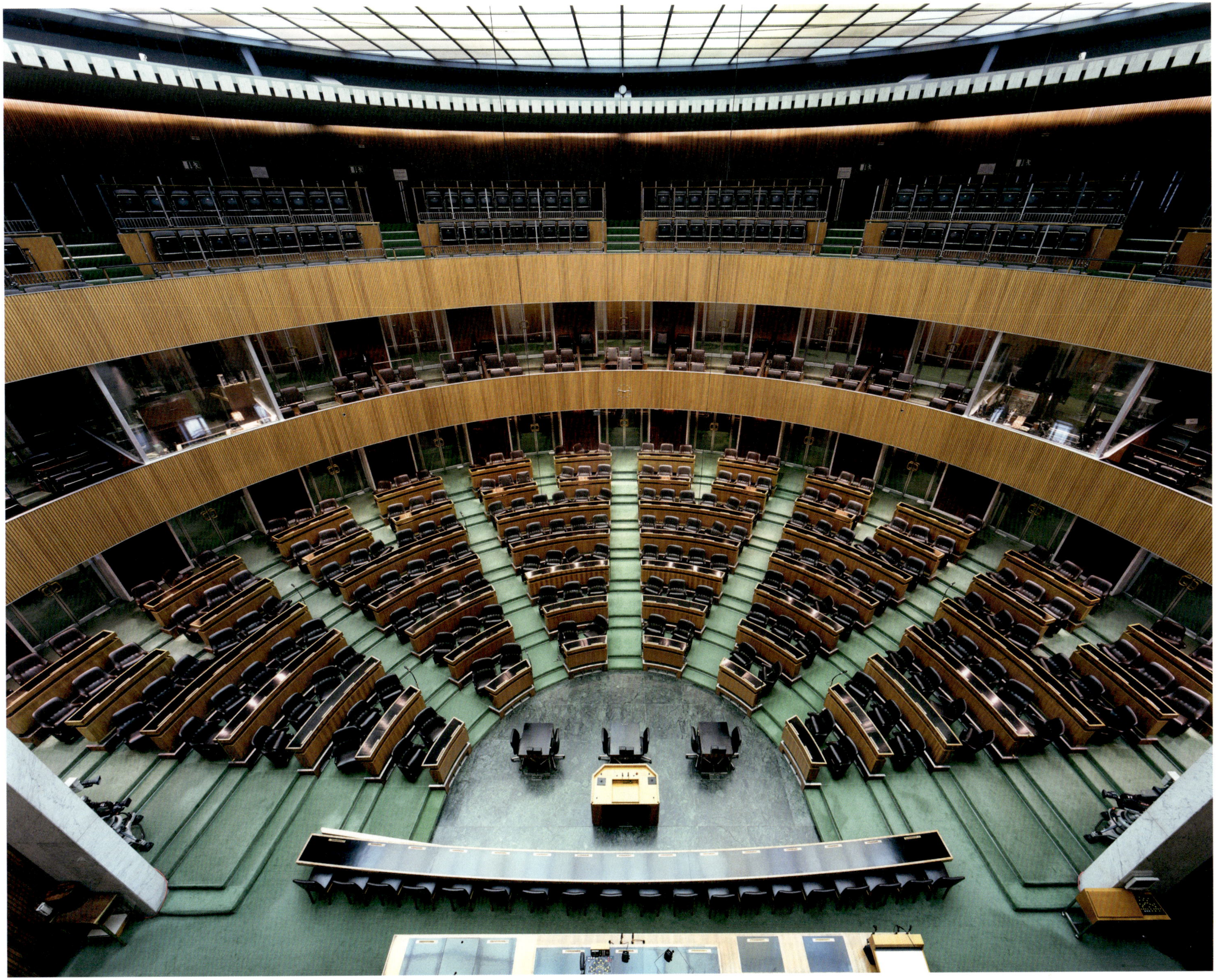

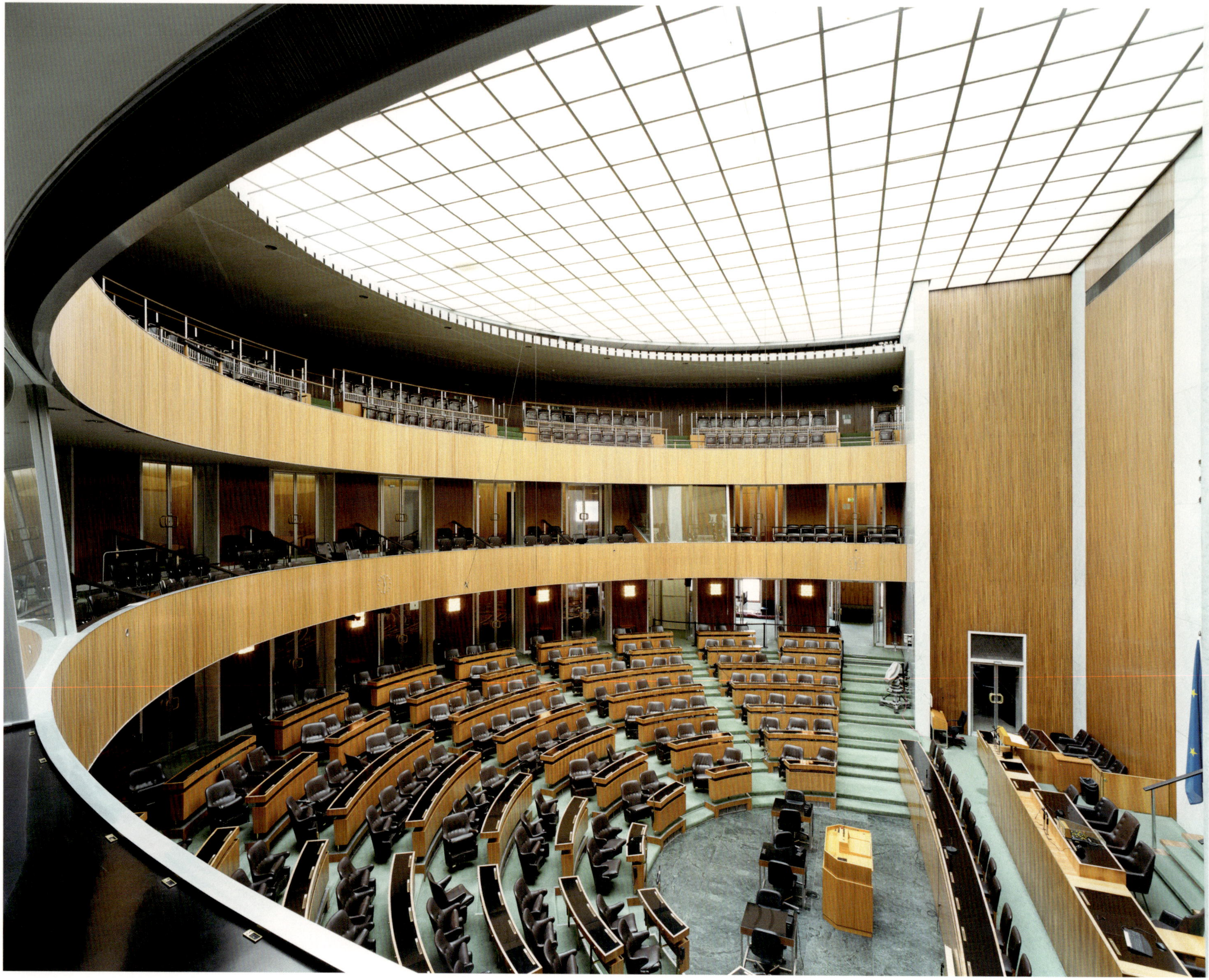

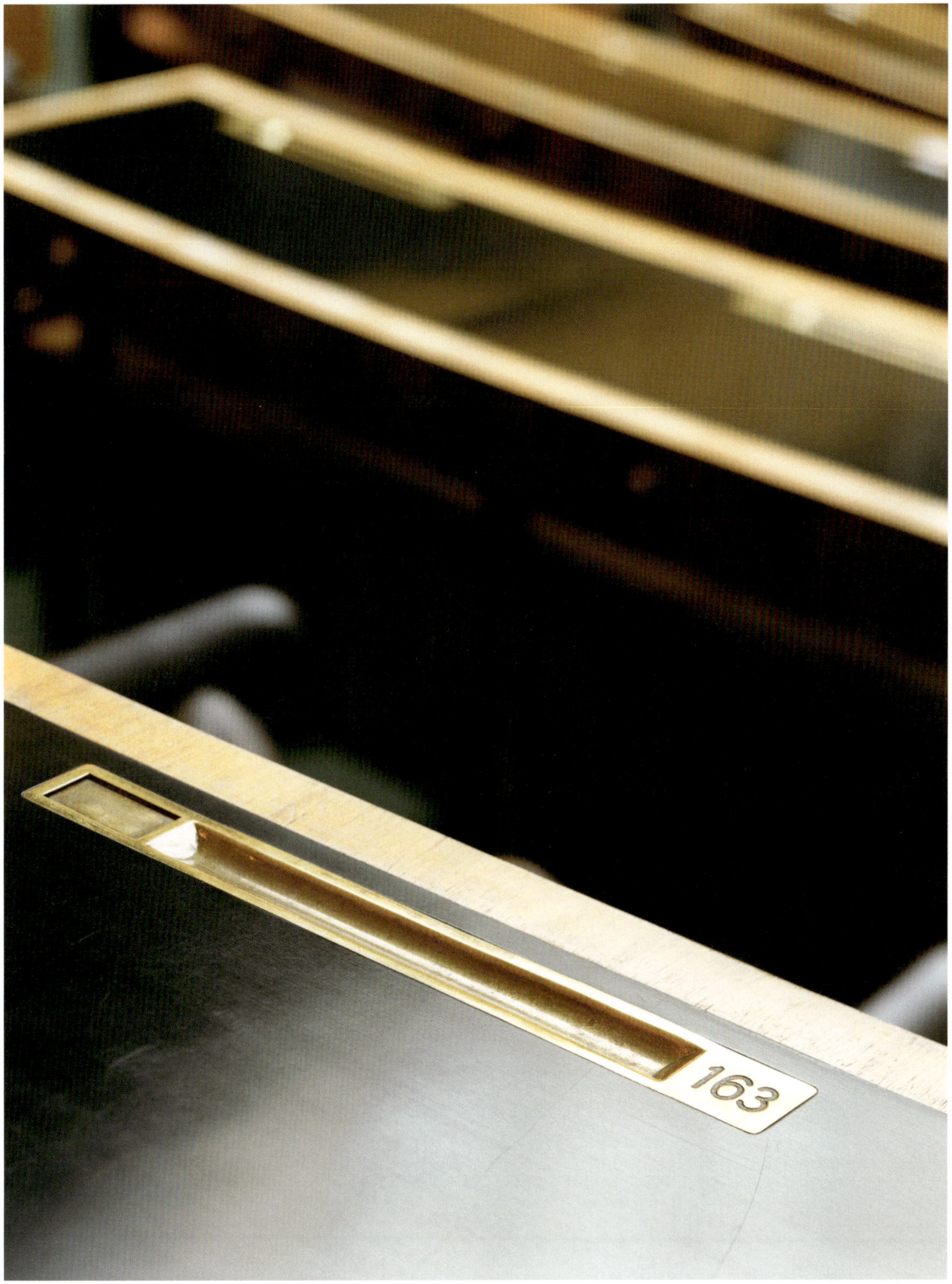
163

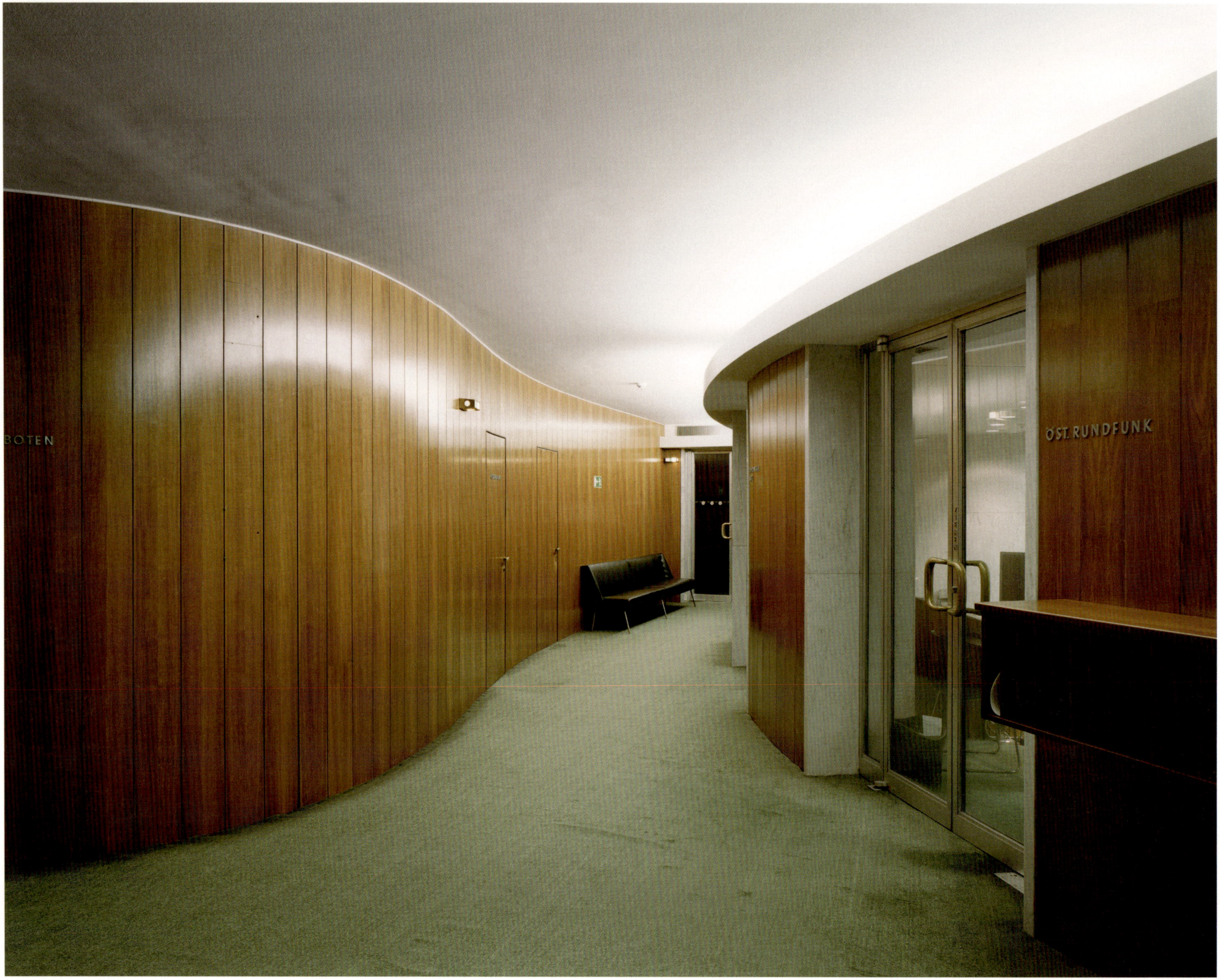
BOTEN
ÖST. RUNDFUNK

TELEFON 8

NUR FÜR
PARLAMENTSBERICHTERSTATTER

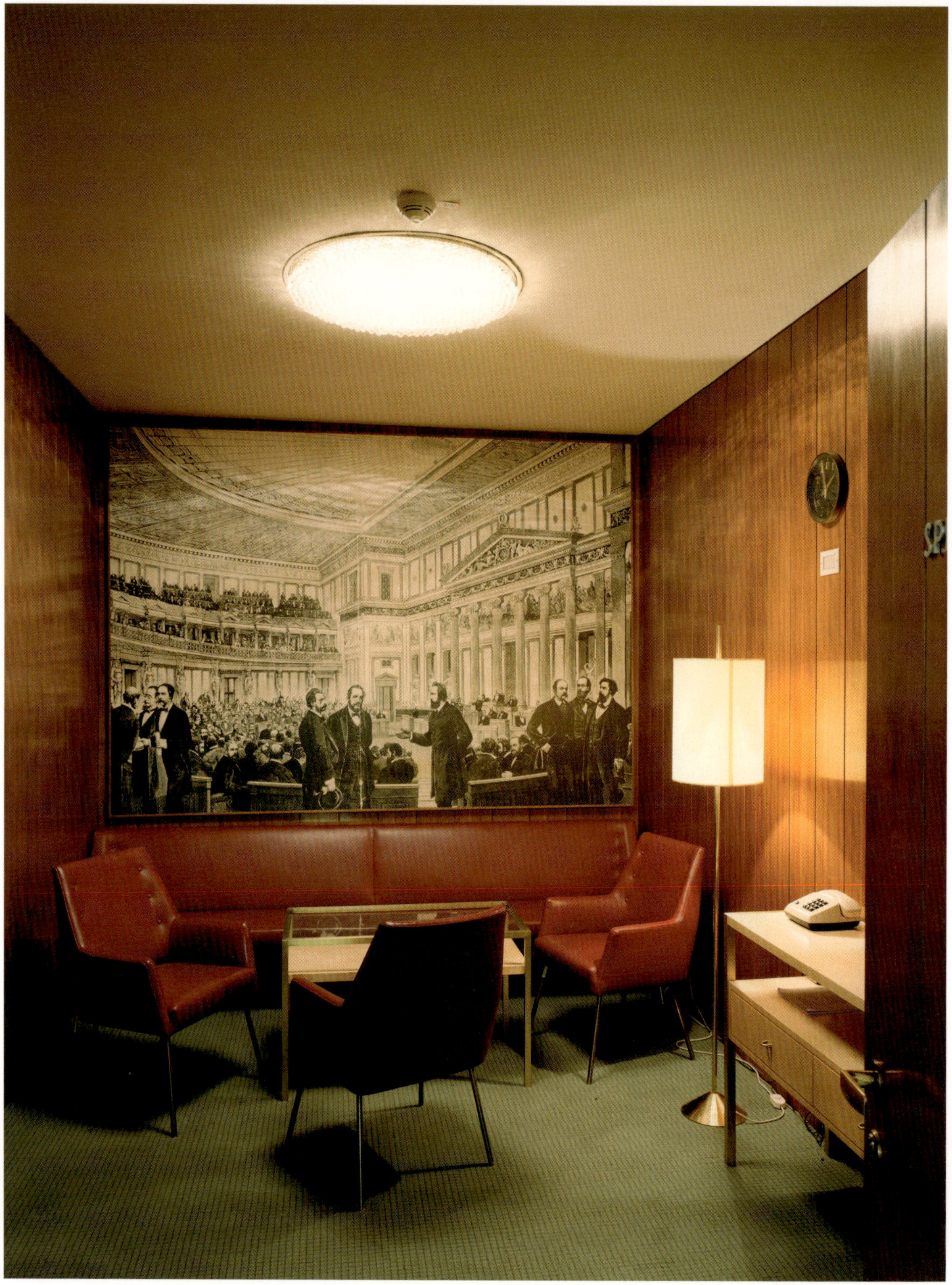

137

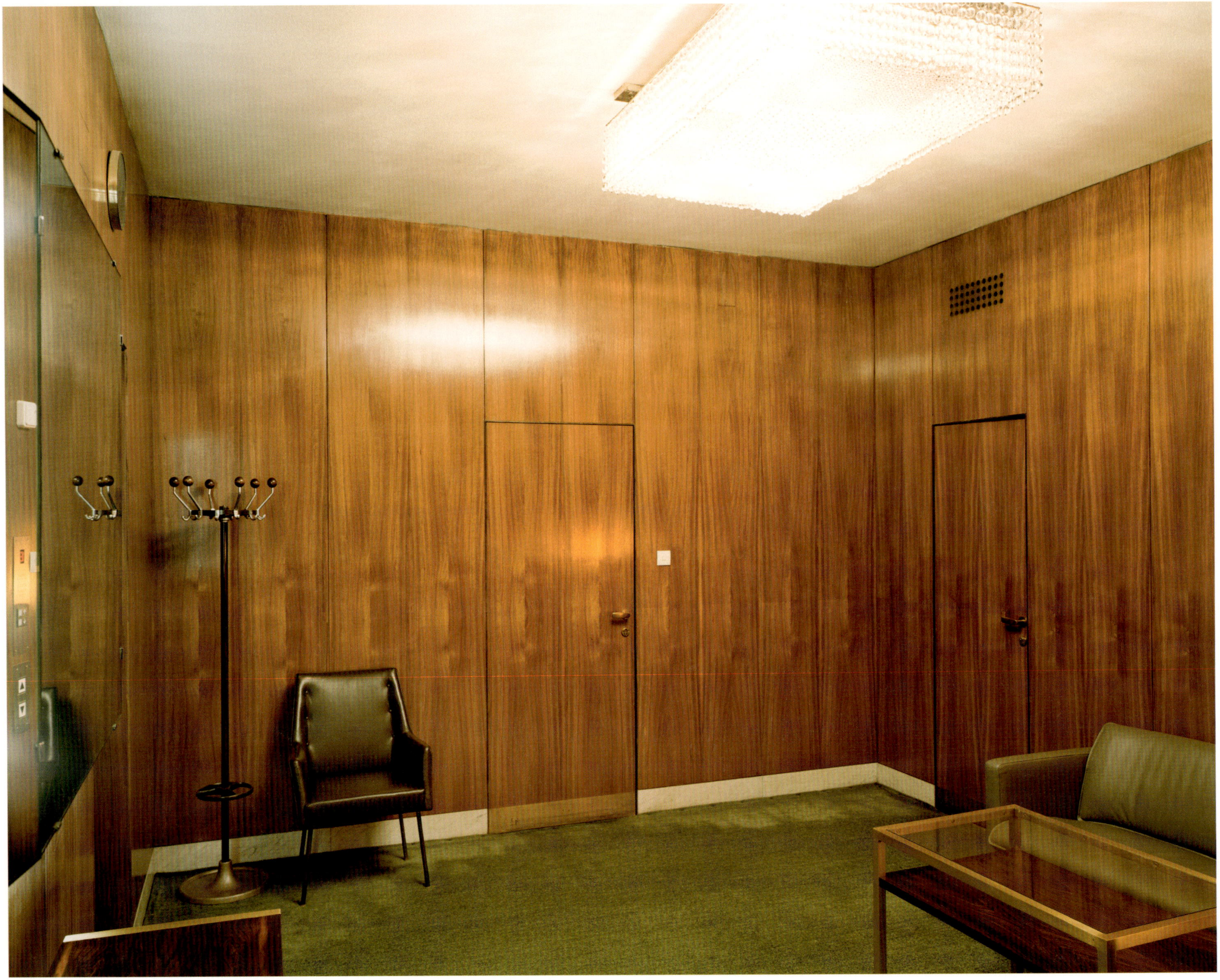

JOURNALISTEN
STIEGE

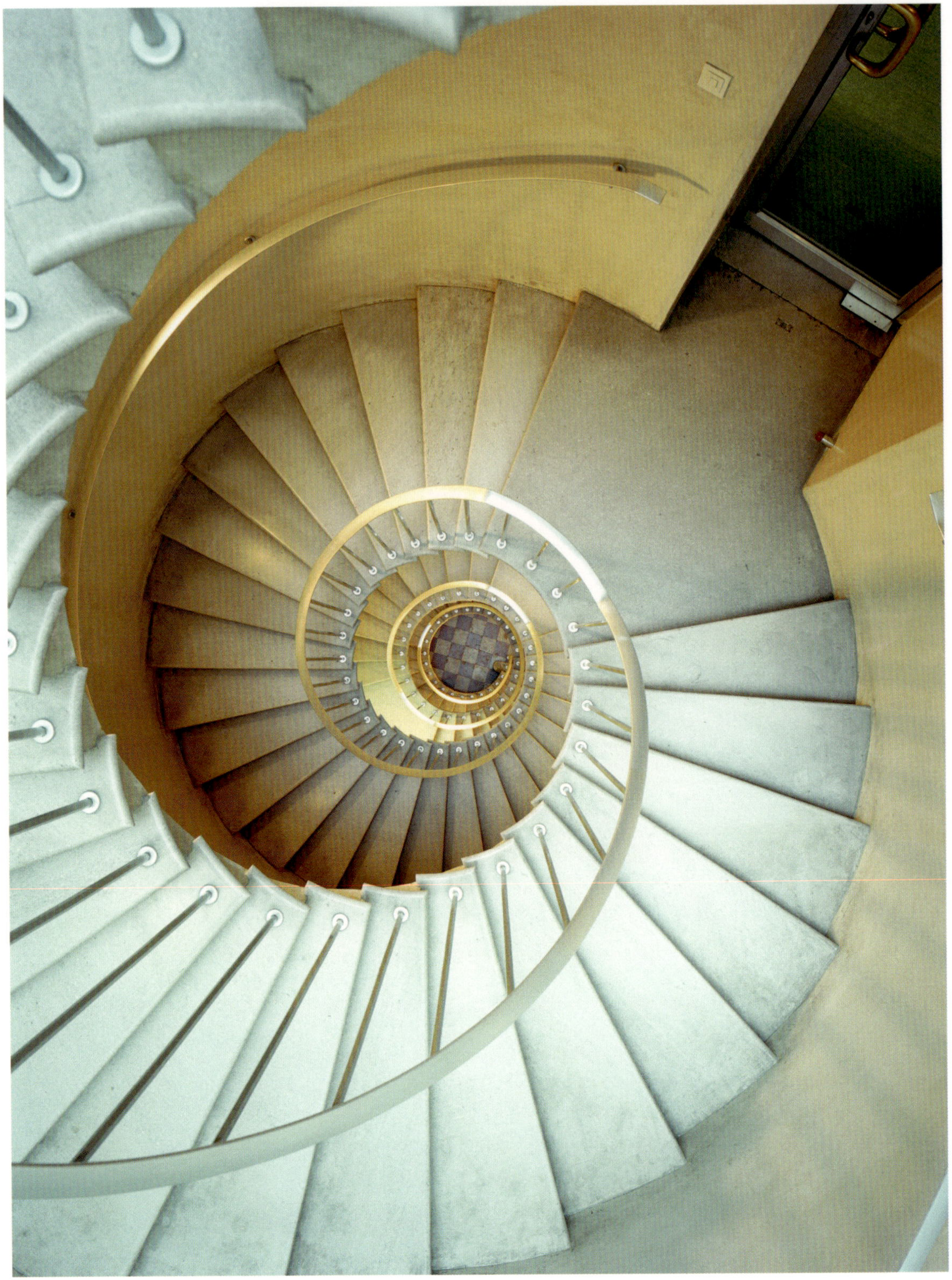

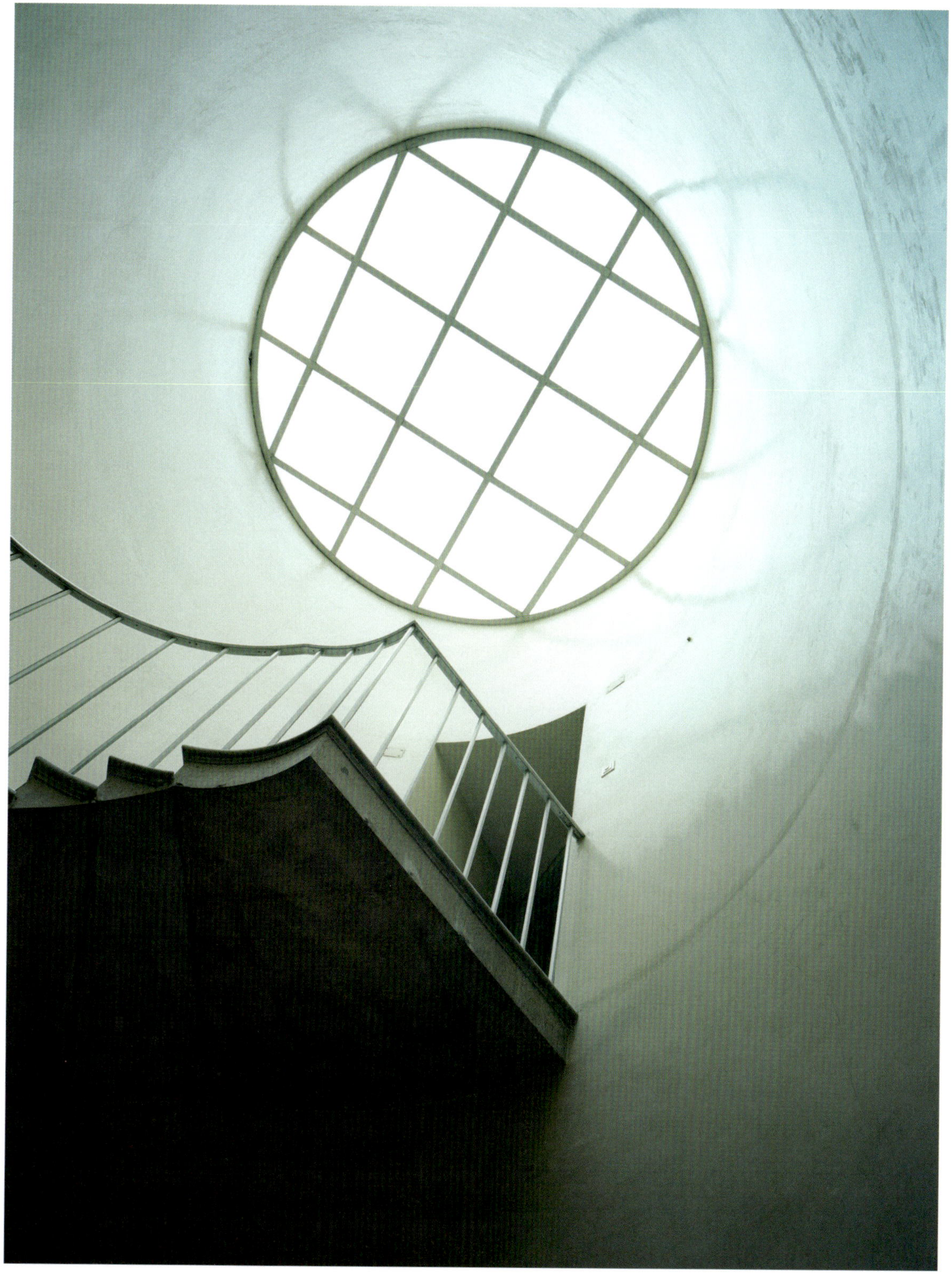

Plenarsaal Parlament
Dr. Karl Renner-Ring 3, 1017 Wien
Max Fellerer, Eugen Wörle
Ausführung 1955–1956

130, 131, 132	Plenarsaal
133	Detail
134	Plenarsaal, Couloir
135	Telefonkabine
	Detail
136, 137	Sprechzimmer
138	Zimmer des Bundespräsidenten
139	Vorraum
140, 141	Journalistenstiege

„Sauber und kultiviert"[1]

Architektur in den „langen Fünfzigerjahren"
Vom Wiederaufbau zum Wirtschaftswunder

Helmut Lackner

1 Österreich. Land im Aufstieg. Wien 1955, S. 304.

Noch ist die Wahrnehmung der Architektur der Fünfzigerjahre ambivalent und der zeitliche Abstand für eine sachliche Bewertung zu gering. Der Umgang mit den Bauten dieser Jahre reicht vom gedankenlosen Abriss bis zum Denkmalschutz. Nach Nationalsozialismus und Zweitem Weltkrieg mit Holocaust und Zerstörungen konnte damals nicht einfach an die Zeit davor angeschlossen werden. Zuviel war passiert. Trotzdem gab es keine „Stunde Null", sondern nur ein Davor und Danach, auch mit Kontinuitäten. Das verstellt oft den klaren Blick auf die Architektur dieser Zeit. Epocheneinteilungen in der Geschichte sind ein schwieriges Unterfangen. In Anlehnung an das „lange 19. Jahrhundert" hat sich der deutsche Wirtschaftshistoriker Werner Abelshauser für die „langen Fünfzigerjahre" ausgesprochen und dafür Zustimmung erhalten. Er plädiert dafür, die Zeit von den späten Vierzigerjahren bis Mitte der Sechzigerjahre als Einheit zu sehen, als eine längere Periode der „Rekonstruktion" von sozioökonomischen Strukturen, namentlich dem aus den USA importierten Fordismus, die in der Zwischenkriegszeit teilweise gesellschaftliche Realität geworden waren.

Wenn sich neuerdings für die Architektur der Fünfzigerjahre die Charakterisierung als „moderat modern" etabliert hat, so gilt das nur für einen – wenn auch zentralen Teil – dieser Periode. Auch hier heißt es, längerfristige Kontinuitäten herauszuarbeiten. Nach Kriegsende stand für einige Jahre der Wiederaufbau im Vordergrund. Darauf folgte seit Ende der Vierzigerjahre bis in die zweite Hälfte der Fünfzigerjahre jene Phase, die rückblickend als „moderat modern", oder, wie es in einer zeitgenössischen Publikation heißt, als „sauber und kultiviert", gilt, bis – überlappend – seit Mitte der Fünfzigerjahre der Beginn einer „zweiten Moderne", die an den Fordismus anschließt, zu erkennen ist.

NEWAG-Elektrizitätswerk

Kraftwerk Imst

Das sind vorrangig sozioökonomisch begründete Grenzziehungen, die aber auch die Architektur dieser Jahre prägten und veränderten. Der Beitrag ist daher ein Plädoyer dafür, die oft individualisierte Arbeit einzelner Architekten in einem größeren Kontext zu sehen.

Für die ersten Jahre nach 1945 blieben für die Architektur der Wiederaufbau zerstörter Gebäude, die Fertigstellung unvollendet gebliebener Bauten und die Vollendung geplanter, aber Torsi gebliebener Strukturen, prägend. Dazu zählten öffentliche Bauten, Industrieanlagen und vor allem Wohnbauten. Viele der NS-Wohnprojekte wurden nach 1945 in reduzierter Formensprache fertiggestellt, beziehungsweise die Lücken in den Siedlungsplanungen baulich ergänzt. Hier griffen Baumeister und Architekten, nicht nur aus Gründen der Sparsamkeit, auf bewährte Gestaltungsmuster zurück, die nach dem Krieg die „Landbaufibeln" weiter tradierten, wobei man „die eine oder andere Vereinfachung" vornahm, wie 1946 der Wiener Oberbaurat Erich Leischner anmerkte. Auch die frühen Neubauten, wie der erste Abschnitt der Per-Albin-Hansson-Siedlung in Wien mit Beteiligung von Franz Schuster, Max Fellerer und Eugen Wörle, zeigen dieses Formenrepertoire des Siedlungsbaus mit Walmdächern.

Ab 1948 legte der Marshallplan die materielle Grundlage für den zweiten Abschnitt und zugleich für eine gesellschaftliche Westorientierung, wobei Österreich unter den 16 beteiligten Ländern überproportional profitierte. Hunderte erhielten damals die Chance einer Reise in die USA. Sie wirkten zurückgekehrt als Multiplikatoren der Amerikanisierung. Den Daheimgebliebenen vermittelten die Amerikahäuser das neue Lebensgefühl.

Das European Recovery Program (ERP) markierte den Übergang von der unmittelbaren Nachkriegskrise in eine längere Periode des wirtschaftlichen Wachstums, die auch die Architektur langsam veränderte. Für die folgende sogenannte „moderate" Moderne gibt es mehrere Erklärungen: Vorreiter der modernen Architektur der Zwischenkriegszeit, wie Josef Frank, Ernst Lichtblau und Ernst A. Plischke, mussten entweder emigrieren, erhielten nach ihrer Rückkehr keine wesentlichen Aufträge, wie Margarethe Schütte-Lihotzky, oder wurden hingerichtet, wie Herbert Eichholzer. Jene, die im System überlebt hatten, zum Beispiel Josef Hoffmann, Lois Welzenbacher, Franz Schuster, Carl Appel, Siegfried Theiss & Hans Jaksch oder Oswald Haerdtl, waren zu einem Neubeginn gezwungen. Franz Schuster, selbst in den NS-Kulturbetrieb verstrickt, versuchte 1948 mit seiner Broschüre „Der Stil unserer Zeit" eine Bilanz: „Beschämt sehen wir uns in die Ursachen dieser Zerstörung verwickelt, deren Verwirrung schon lange vorher warnend erkennbar war."

Vor diesem ethischen Hintergrund nach Holocaust und Zerstörung ist die Phase der „moderaten", gemäßigten Moderne zu sehen und gleichzeitig ihre nach Jahren des Bauwirtschafts-Funktionalismus wiederentdeckte Qualität. Frühe Beispiele dafür sind der Kindergarten „Schweizer Spende" von Franz Schuster, die Fertigteilhaussiedlung in der Veitingergasse von Roland Rainer und Carl Auböck oder das Strandbad Gänsehäufel von Max Fellerer und Eugen Wörle, alle in Wien. Die gediegene, mit viel Holz ausgeführte Innenausstattung des Nationalratssitzungssaals im Parlament, ebenfalls von Fellerer und Wörle, die derzeit zur Diskussion steht, gehört ebenso hierher, wie die Ennser Stadthalle von Max Demetz und das Historische Museum der Stadt Wien von Oswald Haerdtl am Karlsplatz. Es fällt auf, dass sich diese Architektengeneration mit Möbelentwürfen und mit der Gestaltung von Bars und den für das Lebensgefühl der Fünfzigerjahre typischen Espressi und Eissalons beschäftigte, die selten erhalten blieben.

Seit den frühen Fünfzigerjahren ist parallel zum Wirtschaftsaufschwung eine zuerst vorsichtige und in der Folge mutigere Weiterentwicklung der Architektur zu beobachten, die nach außen durch die Anwendung von Glas und Stahl besticht. Viele dieser Bauten standen für Aufschwung, neue Mobilität, neue Urbanität und Freizeitgesellschaft, also für eine Orientierung an das fordistische Modell der sich abzeichnenden Konsumgesellschaft: etwa der Messepavillon Felten & Guilleaume von Oswald Haerdtl (zerstört), das Steyr-Haus am Ring von Carl Appel (durch Brand zerstört), oder die Nationalbank von Eugen Wachberger und Erich Boltenstern und das Parkhotel von Artur Perotti und Gottfried Zeilinger, beide in Linz. Ebenfalls in Linz markierte bis zu ihrer Zerstörung die über dem Donauufer schwebende DDSG-Schiffsanlegestelle von Wachberger den architektonischen Aufbruch. Zu Wahrzeichen des öffentlichen Verkehrs avancierten auch die Neubauten des Süd- und des Westbahnhofs in Wien mit ihren dominanten Kassenhallen mit den großen Glasfassaden; der eine inzwischen abgerissen, der andere unter Denkmalschutz aber von wuchtigen Erweiterungsbauten erdrückt.

In der zweiten Hälfte der Fünfzigerjahre ist eine weitere Zäsur zu erkennen, die endgültig die Nachkriegszeit vom folgenden Wirtschaftswunder trennt. Mit dem Staatsvertrag hatte Österreich 1955 seine Souveränität erhalten und trat nun am internationalen Parkett als kleiner, neutraler, aber selbstbewusster Staat auf.

Wehranlage Runserau

Vieles spricht für eine Epochenscheide der technischen Kultur um 1960 (Joachim Radkau) und für eine Sattelzeit mit steigendem Energieverbrauch und einer neuen Qualität der Auswirkungen auf die Umwelt. Mit dem Umstieg von Kohle auf Erdöl begann nach Christian Pfister damals ein beschleunigter Weg in die Konsumgesellschaft: das „1950er Syndrom" oder nach Jörn Sieglerschmidt der „Aufbruch ins Schlaraffenland". Nehmen wir die Ausstattung der Haushalte mit ausgewählten Konsumgütern – Fernseher, Waschmaschine, Kühlschränke, Auto – als Gradmesser des Fortschritts, so fällt auf, dass erst ab Mitte der Sechzigerjahre mehr als ein Drittel der Haushalte darüber verfügte. Nicht die relativ bescheidenen, anfänglich noch idyllischen und weitgehend biederen und muffigen Fünfzigerjahre, deren Bild in Ausstellungen und Publikationen teilweise verzerrt wurde, sondern erst die Sechziger- und Siebzigerjahre markieren den Übergang von der Industrie- zur Konsumgesellschaft, zur fordistischen Gesellschaft mit Massenproduktion und Massenkonsum. Autoverkehr und Fernsehen bedeuteten tiefgreifende Umwälzungen im Alltagsleben. Die unkritische Fortschrittsgläubigkeit der folgenden Jahre erhielt zentrale Impulse mit dem euphorischen Beginn der friedlichen Nutzung der Atomenergie, fokussiert im 1960 eröffneten Reaktorzentrum Seibersdorf, dem Bau des ersten Transistorrechners „Mailüfterl" durch Ernst Zemanek oder dem Beginn der Weltraumfahrt mit dem Start des Sputnik.

Singuläre Schlüsselbauten am Beginn dieser Phase sind die Wiener Stadthalle und das heute denkmalgeschützte Böhler-Haus von Roland Rainer in Wien sowie für die internationale Präsenz der Republik der Weltausstellungspavillon in Brüssel von Karl Schwanzer.

In den USA seit Jahrzehnten die Großstädte prägend, wurde nun das Hochhaus auch bei uns zum architektonischen Symbol des Wirtschaftswunders. Seit Mitte der Fünfzigerjahre reagierten die Architekten auf diese Aufbruchsstimmung und den Fortschrittsoptimismus mit einer „Hochhausmode" (Roland Rainer). Zwar zeigen der „Ringturm" der Wiener Städtischen Versicherung von Erich Boltenstern oder das Hotel Europa von Josef Bevcar in Salzburg noch die Formensprache der „moderaten" Moderne, beide erhoben aber gleichzeitig den Anspruch, ein Zeichen der Moderne zu setzen. Das Hochhaus markierte in der Folge den Beginn einer neuen Monumentalität und jede größere Stadt, die etwas auf sich hielt, beteiligte sich am Hochhausboom. Von hier führt ein breiter Weg zum folgenden Bauwirtschafts-Funktionalismus als Folge der unreflektierten, vom Wirtschaftswachstum überschatteten Übernahme der internationalen Moderne vor dem Krieg. „Die autogerechte Stadt", ein Buchtitel aus dem Jahre 1957, und die im selben Jahr stattfindende Internationale Bauausstellung INTERBAU in Berlin, setzten Maßstäbe. Das Wirken von Artur Perotti in Linz ist dafür beispielhaft. Der Autor hat diese Vorbilder in seiner Ausbildung an der HTL in Graz nach 1970 noch erlebt.

Auch wenn Alexander Mitscherlich bereits 1965 „Die Unwirtlichkeit der Städte" kritisierte, Roland Rainer seit den Sechzigerjahren mit der Gartenstadt I in Puchenau ein Gegenmodell entwarf, und eine neue, bei Clemens Holzmeister ausgebildete Architektengeneration, zuerst im Kirchenbau, die unterbrochenen Entwicklungen wieder aufnahm, veränderte sich die gesellschaftliche Wahrnehmung erst im Gefolge der 1968er-Bewegung, des Ölschocks und neuen Umweltbewusstseins langsam seit den Siebzigerjahren. Aber damit haben wir die „langen Fünfzigerjahre" bereits weit hinter uns gelassen.

NEWAG-Elektrizitätswerk, Stiegenhaus

Das 20er Haus in Linz
Zurück in die Zukunft mit Andrea Bina und Lorenz Potocnik

In den „Linzer Aspekten" von 1970 schreibt Walter Kasten, Leiter der „Neuen Galerie der Stadt Linz – Wolfgang Gurlitt Museum" (heute Lentos Kunstmuseum), im Aufsatz „Das aktuelle Museum" über die Notwendigkeit nach einem Neubau für die Sammlung moderner Kunst: „In den vergangenen elf Jahren wurden verschiedene Versuche unternommen, einen Neubau für die Neue Galerie zu erreichen. 1958 wurde der Stadt der Österreichische Pavillon von der Brüsseler Weltausstellung (Architekt Karl Schwanzer) angeboten. Dieser wäre für die Neue Galerie hervorragend geeignet gewesen, wurde aber vom Stadtbauamt als unbrauchbar abgelehnt." Für viele Jahre beherbergte der adaptierte Pavillon erfolgreich das Museum des 20. Jahrhunderts in Wien und ist in Zukunft eine Dependance für zeitgenössische Kunst der Österreichischen Galerie Belvedere.

20er Haus, Rückseite

Diese – vielleicht verpasste – Chance wurde Anlass zu folgendem, aus dem Gedächtnis protokollierten Gespräch und Gedankenspiel am 4. Mai 2011 im Zug von Linz nach Wien.

A: Stell dir vor!

L: Du meinst, was gewesen wäre, wenn der Pavillon doch in Linz gelandet wäre?

A: Dann gäb's womöglich das Lentos nicht.

L: Auf jeden Fall hätte es dann nicht die Neue Galerie im Lentia 2000 gegeben und Linz hätte österreichweit als Erstes und für ziemlich lange Zeit ein radikales Statement für die Moderne, die zeitgenössische Kunst gesetzt.

20er Haus, Windfang

A: Ich hab's geliebt, das 20er Haus beim Südbahnhof ... offen, hell, die Stahlstruktur und insgesamt eine Zeitkapsel. Irgendwie ganz weit draußen dort im Schweizerpark. Jede Eröffnung von meiner Wohnung im Achten war immer ein kleiner Ausflug in eine andere Welt. Etwas heruntergekommen war's auch, zugegeben. Mit der richtigen Patina, würde ich sagen.

L: Das 20er Haus war ja in Brüssel unten komplett offen. Praktisch eine Brücke. 40 x 40 Meter groß und ist dabei nur auf vier Stützen gestanden. Und war schon für ein Zerlegen und eine Weiterverwendung konstruiert. Übrigens der einzige Pavillon damals, der so entworfen war. Aber er war vor allem radikal im Entwurf. Verfolgte die humanistische Idee, den Menschen in die Mitte zu setzen und somit zum Maß jedes zivilisatorischen und geistigen Fortschritts zu machen. Und wollte sich damit natürlich von der Suprematie des Materiellen und der messeähnlichen Aneinanderreihung von Produktionsgütern distanzieren. Die offenen Räume unter und in dem Haus waren dann tatsächlich Bühne für ein dichtes Programm der „Musikakademie" und einen Kindergarten. Der Pavillon war so dank seiner Bespielung, der Inhalte und der Architektur einer der fortschrittlichsten in Brüssel ... mit insgesamt 3,5 Millionen Besuchern. Stell dir vor!

A: Gedanken übrigens, die 50 Jahre danach nichts von ihrer Relevanz eingebüßt haben! Bei dem Erfolg stellt sich einfach die Frage, wie Linz dieses Haus damals, womöglich war es nur für einen symbolischen Betrag zu haben ...

L: ... davon gehe ich aus! Das war sicher ein Geschenk ...

A: ... nicht mit Begeisterung annehmen konnte? In Wien ist's ja dann nahtlos übergegangen: Die haben zwischen 1962 und 1978, also in 16 Jahren dort 105 internationale Ausstellungen unter anderem mit Andy Warhol und Christo gemacht und über 1,1 Millionen Besucher anlocken können! Nicht inbegriffen hunderte Theaterstücke, Vorträge und Filmvorführungen. Dort inszenierten auch die Haus-Rucker-Co die Ausstellung LIVE mit dem Riesenbillard, die Schau, die ich 2008 als Hommage mit Titel LIVE AGAIN im Lentos kuratierte.

L: Eigentlich ein echter „Fun Palace", wie es Cedric Price zeitgleich Anfang der 1960er in London vorgeschlagen hat! Und Renzo Piano mit Richard Rogers dann endlich 1977, also erst Jahre später mit dem Centre Pompidou in Paris realisieren konnte. Viel offene Fläche und Raum, alles schien möglich! Eine prototypische Formulierung einer neuen Art von Museum. Demokratisch, populär. Klar, und an die Ikone der internationalen Moderne, die Neue Nationalgalerie in Berlin von Mies [Mies van der Rohe], zehn Jahre später fertiggestellt, aber schon 1962 beauftragt, muss ich natürlich auch denken! O.K., also an den räumlichen Qualitäten kann es definitiv nicht gescheitert sein.

A: Im Gegenteil! In der damaligen Presse, also 1958, wurde die Weltausstellungshalle schon als „geradezu ideale Grundlage für ein Museum moderner Kunst" bezeichnet. Dementsprechend wurde sie von Schwanzer adaptiert, also das Erdgeschoß verglast, der Hof überdacht, und mit einer Bar ergänzt.

Im September 1962 wurde es dann in Wien als „Museum des 20. Jahrhunderts" eröffnet. Wie gesagt: Das neue Museum und die erste Ausstellung „Kunst von 1900 bis heute" stellten einen Aufbruch in neue Welten und einen kompletten Bruch mit der Wiener Museumstradition dar. Das einzig neu gebaute Museum in Österreich stellte bis dahin das heutige Wien Museum von Oswald Haerdtl am Karlsplatz dar [damals Historisches Museum, 1959 eröffnet]. Bis in die Sechzigerjahre sollte österreichweit kein weiterer Museumsneubau dazukommen!

L: Zuviel für Linz? War das Haus, schon für Wien und dann für Linz erst recht, einfach zu weit seiner Zeit voraus? War es zu modern? Wurde es als Provokation empfunden? Entsprach es zu wenig dem Wunsch nach Repräsentation?

A: Wahrscheinlich ja. Werner Hofmann [Gründungsdirektor des Museums] beschrieb das anlässlich der Eröffnung ja ganz gut, etwas, das uns heute selbstverständlich erscheint: „Das neue Haus besitzt die Signatur unseres Zeitalters, seine räumliche Anlage trägt dem Umstand Rechnung, dass die Kunst dieses Jahrhunderts ein kraftvolles, oft aggressives Selbstbewusstsein zur Schau trägt, das nach Weite und Offenheit verlangt." Und beschreibt weiter, „… dass man sich unwillkürlich beim ersten Betreten des Museums wie auf exterritorialem Boden vorkommt".

L: Wo gibt es heute noch so ein starkes kulturelles oder architektonisches Erlebnis? Aber das nur am Rande. Du meinst, das Bauwerk war zu schwierig zu fassen?

A: Ja und nein. Versetze dich in die damalige Zeit und stelle dir die abstrakte, reduzierte Architektur eines Einraummuseums vor – was für eine Ansage! Wahrscheinlich waren die Verantwortlichen einfach unsicher – und konnten die Innovation nicht richtig einschätzen – und es gab offensichtlich niemanden, außer Walter Kasten, der sich mit Herzblut und Zukunftsvision dafür einsetzte. Hier kommt – denke ich – auch die immer wieder besprochene, mangelnde Linzer Bürgerschaft zum Vorschein. Eventuell hat das auch noch mit der Spannung zwischen Wien und Linz zu tun. Dieses oberösterreichische Gefühl der Benachteiligung gegenüber der Bundeshauptstadt kam hier eventuell zum Tragen …

L: Wo wäre der Pavillon denn eigentlich gestanden? Oder tut das bei so einem Bau eigentlich nichts zur Sache? Er ist in seiner Art ja ortlos, bezugslos. Er könnte – und das ist ja so gewollt und typisch – eigentlich überall stehen. Das Haus berührt den Boden praktisch kaum, schwebt darüber. So gesehen ist der Bau auch eine Art Provisorium. Darunter die Stadt. Egal welche?

A: In Linz, natürlich im Volksgarten! Und zwar an der Stelle des im Zweiten Weltkriegs zerstörten Salons. Also auf der gegenüberliegenden Seite der Arbeiterkammer, dort, wo heute der Spielplatz ist. Der Abbruch des schwerbeschädigten Salons ließ ein Vakuum in kultureller Hinsicht entstehen. Die Geschichte des Ortes ist ja die eines populären und kulturellen Treffpunkts. Der Park wurde ja schon Anfang des 19. Jahrhunderts nach Vorbild des Wiener Volksgartens und Praters von einem Unternehmer angelegt und betrieben. Erst später ist er von der Stadt angekauft worden. Dann kam ein kleiner Volksgartensalon und 1903 entstand dann der sehr große Salon im barocken Stil. Hier gab's einen Saal für 1500 Personen, stell dir vor! Mehrzwecksaal, Gastronomie … das ist genau die Dimension des Brucknerhauses! Bis zum Bau des Brucknerhauses fanden Konzerte ja unter anderem im Turnsaal der Diesterwegschule statt! Und es gab im Volksgartensalon einen großen Ausstellungsraum des Österreichischen Kunstvereins. Dort haben alle wichtigen kulturellen und künstlerischen Präsentationen stattgefunden. Es wäre also sehr naheliegend gewesen, hier und mit dem Brüsseler Pavillon den Geist des Ortes weiterzuführen.

L: Und das Viertel hätte schon damals die nötige Aufmerksamkeit bekommen, die es erst jetzt durch das neue Musiktheater wieder erlangt. Durch den Verlust des Salons ist in diesem Viertel der wesentliche städtische Impuls verloren gegangen. Der Volksgarten ist zu einem Stadtpark verkommen. Der Übergang, die Verbindung vom Bahnhof in die Stadt ist bis heute unterbrochen. Die Landstraße beginnt ja in Wirklichkeit erst wieder am Schillerplatz. Das, was das 20er Haus geschaffen hätte, ist heute am ehesten das Kunstquartier mit dem OK Platz als offener zentraler Raum [Offenes Kulturhaus, seit 2007 „OK Platz"].

20er Haus, Mitarbeiterkantine

A: Aber einen kleinen Schritt zurück, bitte. Es stellt sich ja noch immer die Frage, warum Linz den Pavillon so lapidar als „unbrauchbar" abgelehnt hat?

L: Hier kommt vielleicht die spezifische Linzer Situation zum Tragen. Linz befindet sich 1958 immer noch im Wiederaufbau. Die schlimme Zeit der Not, des Mangels und der Improvisation ist zwar vorbei, aber die Prioritäten liegen noch auf der Bereitstellung von Wohnungen und Schulen. Auch die Vorbereitungen für die vollkommen neu zu schaffende Kepler-Universität laufen auf Hochtouren. Für so etwas wie ein Haus der modernen Kunst ist einfach noch kein Platz. Die politische Legitimation ist noch nicht vorhanden. Oder anders gesagt: Die Zeit für einen Museumsbau – Anfang der Sechzigerjahre in Linz – war, denke ich, einfach insgesamt noch nicht reif. Abgesehen davon scheint mir in der Reihenfolge der öffentlichen Investitionen in Kulturbauten das Museum für Moderne Kunst an letzter Stelle. Diese hat naturgemäß die geringste Publikumsquote und bedarf in Anbetracht ihrer vermeintlich elitären Ausrichtung der längsten Vorbereitung.

A: Und das 20er Haus war insgesamt eine Ausnahme, in der Ausnahmesituation einer Weltausstellung entstanden. Exterritorial, wie gesagt. Womöglich wäre es auch in Wien, ohne der Gelegenheit, ohne des gewissen Zwangs des vorhandenen Pavillons und des Vorlaufs, des Prototyps in Brüssel, der seine Attraktivität und Tauglichkeit beweisen konnte, nicht entstanden.

L: Nochmals zurück zu Linz und dieser „Reihenfolge" der Kulturbauten: Zuerst und erst 1974, obwohl schon 1961 im Gemeinderat beschlossen, kam das Brucknerhaus. Es nennt sich Konzerthaus, ist aber in Wirklichkeit als ein vielseitig genutz-

20er Haus, Fassade Detail

ter Veranstaltungssaal an der Donau relativ leicht zu vertreten. 1979 bekommt – in der bemerkenswerten Kombination mit dem Einkaufszentrum „Lentia 2000" – die Neue Galerie eigene Räumlichkeiten. Davor war sie ja seit ihrer Gründung 1947 im Brückenkopfgebäude untergebracht, wo jetzt die Kunstuniversität drinnen ist. Und erst ganz zuletzt kommt – wie gesagt – das eigene Haus, der Neubau für die abstrakte, moderne Kunst!

A: Demzufolge läge es in der Natur der Sache, dass das Lentos erst 2003 eröffnet werden konnte. Also in Wirklichkeit erst 40 Jahre nach dem Angebot aus Wien … die moderne Kunst in ihrer Abstraktion an vorläufig letzter Stelle, in der kulturellen Entwicklung einer Stadt, der Stadt Linz. Natürlich einmal abgesehen von einer programmlastigen Kulturhauptstadt sechs Jahre danach und der baldigen Eröffnung des Musiktheaters.

L: Und noch etwas: Die offizielle Absage kam ja aus dem Stadtbauamt. Der damalige Leiter der Stadtplanung war ja Fritz Fanta. Er war einer dieser viel bauenden, pragmatisierten Architekten. So etwas gibt's heute gar nicht mehr. Oder doch? Aber dann ohne Urheberschaft! Fanta hat das Entwurfsamt seit dem „Anschluss" geführt, musste dann 1943 einrücken und war ab 1945 sofort wieder Leiter der Abteilung und das bis 1971! Er hat das Linz der Fünfzigerjahre und der Sechzigerjahre wahrscheinlich am stärksten geprägt, ist dabei aber weitestgehend unbekannt. Abgesehen von Artur Perotti natürlich, der halb Linz gebaut hat. Aber das ist eine eigene Geschichte.

A: Führt Fritz Fanta vielleicht zu der vorhin kurz angesprochenen Rivalität zwischen Linz und Wien?

L: Ja, wahrscheinlich wollten die Linzer einfach kein Haus – nicht einmal geschenkt – aus Wien. Das noch dazu aussieht wie ein Industriebau. Sie wollten es sich nicht nehmen lassen, ein eigenes und neues Haus zu entwerfen und zu bauen. Da werden schon einige massiv dagegen angekämpft haben.
Stell dir vor! Das muss vielen damals wie eine kleine Schande vorgekommen sein, einen Entwurf und ein fix fertiges Haus aus Wien dann recyclen zu müssen. Und das womöglich – ganz sicher sogar – im Doppelpack mit Schwanzer. Weil irgendwie musste der Pavillon ja adaptiert werden.

A: Heute wäre das am Puls der Zeit, nachhaltig, ressourcenschonend. Es wäre eine Art von Upcyceln und würde somit sicher einen Preis für nachhaltiges Bauen bekommen.

L: Du! Wir sind schon in Hütteldorf. Ein paar Minuten noch bis zum Westbahnhof. Auch so ein fantastischer Fünfzigerjahre-Bau. Mein Lieblingsbahnhof in Österreich. Nur ewig schade, wie sie ihn drum herum verschandelt haben. Aber jetzt noch schnell. Stell dir vor! Was wäre anders geworden mit dem 20er Haus in Linz?

A: Linz hätte damit sehr früh, auch im internationalen Vergleich, ein sehr offenes, transparentes Kunst- und Veranstaltungshaus bekommen. Das 20er Haus in Wien hatte ja für Jahrzehnte Pionierstatus. Der große Schub der Museen für moderne Kunst in Österreich kam ja erst Ende der Neunzigerjahre, Anfang 2000. Ab dann wurden die Museen der modernen Kunst weltweit als Werkzeug zur Profilierung im touristischen Wettkampf der Städte erkannt.

Vor allem denke ich, hätte das Haus aber auf die künstlerische Produktion, die kulturelle Produktion insgesamt der Stadt Linz und des Landes Oberösterreich eine enorme Auswirkung gehabt. Offene Häuser für die Kunst und die Kunst selbst stehen ja in produktiver Wechselwirkung. Waren die modernen internationalen Museumsbauten in den 50er und 60ern ja weit mehr als Gefäße und unmittelbar aus den damals neuen Formen der Kunst, neuen Stilrichtungen und Tendenzen entstanden. Video, Minimal, Concept Art und Installation bedurften und forderten neue Orte der Präsentation, des Dialogs. Künstlerische und architektonische Innovation gingen und gehen ja auch heute Hand in Hand.

Ich glaube, eine andere Person in der städtischen Entwicklung, jemand der sich im Zusammenschluss mit Walter Kasten für den Pavillon eingesetzt hätte – und die kulturelle Entwicklung von Linz hätte tatsächlich einen komplett anderen Verlauf genommen.

L: Ich sähe vor allem eine vollkommen andere städtebauliche Entwicklung. Im Zusammenschluss mit der damaligen Volkshochschule um die Ecke und der Landesbibliothek am Schillerplatz wäre mit einigen Ergänzungen ein Wissens-

und Kulturzentrum in der Nähe des Bahnhofs gewachsen und entstanden. Dieses wäre selbstverständlich für die ganze oberösterreichische Bevölkerung öffentlich erreichbar, nutzbar geworden. Der sowohl architektonisch als auch in seiner Lage missratene Wissensturm wäre uns so wahrscheinlich erspart geblieben. Der Volksgarten wiederum wäre zu einem echten kulturellen Hotspot im Ausgleich zu der allzu dichten Konzentration in der Altstadt geworden.

A: Ja, ich kann mir das so leicht vorstellen, wie dadurch alles anders gekommen wäre. Das Linzer 20er Haus im Zusammenspiel mit dem Volksgarten hätte ein Entree für die Stadt dargestellt. Es wäre schon vom Zug aus zu sehen gewesen. Der Entwicklung des Pavillons – ähnlich der in Wien – wäre nichts im Wege gestanden. Die zahlreichen, international erfolgreichen Linzer Künstler der letzten Jahrzehnte hätten eine entsprechende Produktions- und Diskussionsstätte zur Verfügung gehabt. Das Forum Design und das Forum Metall wären auf einer soliden Basis entstanden und hätten politisch nicht so kläglich scheitern müssen. Linz hätte aus seiner industriellen und wirtschaftlichen Stärke – vergleichbar mit Antwerpen – das Beste entwickelt und ein starkes Profil gemacht, und wäre heute wahrscheinlich DIE Stadt der zeitgenössischen Kunst und DIE Stadt des Designs in ganz Österreich! Das 20er Haus wäre dabei die Initialzündung gewesen!

L: Stell dir vor! Fast hätte ich es vergessen: Rufe ich letztens den Dieter Schrage an, du weißt schon … den langjährigen Kurator des 20er Hauses in Wien … und er erzählt mir auf meine Frage, ob er was weiß vom 20er Haus in Linz, dass er zufällig in den Neunzigerjahren in der Rehabilitation den Lastkraftwagenfahrer kennengelernt hat, der den Pavillon von Brüssel zurück nach Österreich transportiert hat. Und laut diesem – er muss es wissen! – sei der größte Anteil der Stahlkonstruktion ohnehin in Linz, aber in der VOEST zur Wiederverwertung gelandet. Die Teile, die in Wien verschraubt wurden, hätten eher symbolischen Wert und Anteil gehabt …

[Dieter Schrage ist wenige Tage nach dem Telefonat überraschend verstorben.]

20er Haus, Frontalansicht

Das 20er Haus wurde 1958 von dem österreichischen Architekten Karl Schwanzer (1918–1975) als temporäres Ausstellungsgebäude für die Weltausstellung in Brüssel errichtet. Schwanzer hatte sich in der nationalen Ausschreibung des Bundes gegen Mitbewerber wie Oswald Haerdtl, Otto Niedermoser und Erich Bolternstern durchgesetzt. Später schrieb er in seinem Buch „Architektur aus Leidenschaft": „... mit minimalem Aufwand sollte maximaler Effekt erzielt werden." Für den zukunftsweisenden und technisch innovativen Entwurf erhielt Schwanzer 1958 in Brüssel den Grand Prix d'Architecture.

Das Gebäude diente dem Museum Moderner Kunst als Ausstellungshalle, bis die Sammlung Ende 2001 in das Museum Moderner Kunst Stiftung Ludwig im neuen Museumsquartier (ehemalige Hofstallungen) umzog. Im Frühsommer 2002 wurde das 20er Haus an das Belvedere übergeben. Es wird seit 2009 saniert und erweitert.

Gelassene Eleganz
Assoziationen zum „Typischen" in der Architektur der Fünfzigerjahre
Gabriele Kaiser

Mit zunehmender zeitlicher Entfernung scheinen sich die Merkmale einer Epoche – anfänglich kaum wahrgenommen oder als flüchtige Erscheinung (Zeitgeist) abgetan – in die Gegenstände zu vertiefen und ihnen Gewicht zu verleihen. Gerade die banalen, vermeintlich wertlosen Dinge verwandeln sich, nachdem sie eine Zeitlang gnadenlos aus der Mode gekommen waren, ins „Typische" und dienen einem zurückliegenden Jahrzehnt als bewahrendes Gefäß. Von dort aus können sie dauerhaft in den Recyclingkreislauf kultureller Verwertung eingebracht werden, der von kritischer Würdigung bis zur nostalgischen Überhöhung reicht. Vermutlich hat die wachsende Sympathie gegenüber der etwas gedämpften Moderne der Fünfzigerjahre mit einem Respektabstand zu tun, der jegliche Ressentiments neutralisiert, aber auch mit der nicht auszublendenden Architekturentwicklung nachfolgender Jahrzehnte. Denn verglichen mit manchen überzogenen Bauten und Gebrauchsgegenständen jüngerer Zeit gewinnen die elegant-moderaten Erzeugnisse der Fünfzigerjahre rückwirkend an Format. Es ist paradox: Erst in der fixierenden Datierung kann ein beiläufiger Gegenstand (oder auch nur ein Gegenstandsdetail) seine eindimensionale Nützlichkeit überwinden und zum „Inbegriff" einer Zeit werden – sei es ein Bodenbelag aus Mosaikfliesen, sei es der charakteristische Schwung eines Geländeranfängers, ein farbkräftiger Handlaufüberzug aus Kunststoff, ein eloxiertes Fensterprofil oder eben jener berühmte Nierentisch, den man seit Jahrzehnten reflexartig mit den Fünfzigerjahren assoziiert. Wenn bereits die Klischees mit einer historischen Dimension behaftet sind, dann gerät die Auseinandersetzung mit den Erscheinungen einer Zeit zu einem zunehmend interessanten und ambivalenten Spiel des Dechiffrierens und Umdeutens, des Neusehens von nur scheinbar Durchschautem.

Stefan Oláh nähert sich der Architektur der Fünfzigerjahre daher vielleicht nicht zufällig mit einem langsamen Blick und langen Belichtungszeiten; er wahrt Abstand, legt aber das Augenmerk auf eine handwerkliche Detailkultur, die spätestens in den

Südbahnhof, Stiegenaufgang

Kammerspiele Linz, Foyer

Sechzigerjahren im sogenannten Bauwirtschaftsfunktionalismus unterzugehen drohte. Die in den Fotografien wiedergegebenen Architekturen offenbaren in ihrer Aura der kollektiven Bescheidenheit auch besondere Materialien und Feinformen, die man erst im zeitlichen Abstand und im Bewusstsein des nicht mehr alltäglich Verfügbaren als sublimen Luxus wahrnimmt. Die Fotoserie arbeitet den Aspekt einer verhaltenden Eleganz, die sich an der Oberfläche der Dinge abzeichnet, an unterschiedlichen Räumen und Strukturen heraus, wobei die hier versammelten Bauwerke wohl nicht ganz zufällig häufig von Architekten stammen, die bereits in der Zwischenkriegszeit aktiv waren. Einige ältere Proponenten wie etwa Max Fellerer hatten ihre Ausbildung noch bei Persönlichkeiten wie Otto Wagner oder Carl König genossen, Oswald Haerdtl hatte bei Josef Hoffmann gearbeitet, Eugen Wachberger nach einer Tischlerlehre beispielsweise bei Carl Witzmann und später bei Clemens Holzmeister studiert. Diese Architekten verfügten über ein profundes handwerkliches Repertoire, das ihnen selbst im notgedrungenen Pragmatismus der ersten Wiederaufbauzeit die Möglichkeit bot, ihren Entwürfen eine gewisse handwerkliche Souveränität zu verleihen. Es ist schon häufig darauf hingewiesen worden, dass das Ausmaß der Zerstörungen durch den Krieg und die Notwendigkeit, auf schnellem Weg wieder „normale Verhältnisse" herzustellen, sämtliche Planungsleistungen nach 1945 zunächst auf das Dogma des kostengünstigen und raschen Bauens reduzierten und für baukulturelle Neuansätze daher wenig Raum blieb. Das vermeintlich unverfängliche Kriterium der Einfachheit bildet anfänglich für sämtliche Bauaufgaben die einzige Grundlage. In einer Absage an den „zügellosen Individualismus" vergangener Epochen versucht Franz Schuster – in den Zwanzigerjahren ein wichtiger Vertreter der Gartenstadtbewegung und ab 1945 Konsulent der Stadt Wien für städtebauliche und architektonische Fragen – einen den Bauaufgaben der Zeit angemessenen Ausdruck zu formulieren: „Grundlage und Ausgangspunkt eines solchen gemeinsamen Zeitausdrucks könnten die einfachen, natürlichen Grundformen aller Dinge sein, […] frei von aller oberflächlichen, zufälligen und modischen Zier und der Nachahmung von Stilformen vergangener Zeiten", schreibt er in der ersten Ausgabe der Zeitschrift Der Aufbau 1946. In diesem Vertrauen in eine geläuterte Einfachheit der Dinge erbringt Schuster in den ersten Nachkriegsjahren wesentliche Leistungen für den Wohnbau, ebnet aber damit auch indirekt jener Monotonie den Weg, mit der sich der Massenwohnungsbau im Laufe der Fünfziger- und Sechzigerjahre schließlich im Wesenlosen verliert. In einem derart „gedämpften" und kulturkonservativen Milieu gilt das Strandbad Gänsehäufel, das Max Fellerer und Eugen Wörle 1948 bis 1950 realisierten, daher berechtigt als eines der herausragenden Architekturleistungen der unmittelbaren Nachkriegszeit, das sogar dem kritischen Urteil der nachfolgenden Architektengeneration (darunter Wilhelm Holzbauer, Friedrich Kurrent, Otto Leitner und Johannes Spalt sowie Friedrich Achleitner, Johann Georg Gsteu und Ottokar Uhl) standhielt.

Denn nur in Einzelfällen sei es zwischen 1945 und 1955 gelungen – so der Tenor –, an die architektonischen Leistungen der Zwischenkriegszeit anzuschließen. Als Ottokar Uhl in „Moderne Architektur in Wien" 1966 über die Nachkriegszeit Bilanz zieht, lässt er für die ersten zehn Jahre nach 1945 neben dem Strandbad Gänsehäufel nur den Messepavillon Felten & Guilleaume von Oswald Haerdtl (1953; 1988 abgerissen) als relevante Bauleistung gelten. Den insgesamt 21.050 Neubauten, die in den ersten 20 Jahren nach 1945 in Wien errichtet worden seien, stünden für den gleichen Zeitraum nur sieben gegenüber, „die einer strengen (nicht einmal sehr strengen) Kritik standhalten und die auch woanders beachtet wurden", so Ottokar Uhl. Die rückwärtsgewandten Rekonstruktionen von Oper und Burgtheater wurden heftig kritisiert, lediglich die Neugestaltung des Parlaments von Fellerer & Wörle (1955–56) fand Zuspruch. Als Schlüsselbauten der Fünfzigerjahre wurden die Stadthalle von Roland Rainer (1954–58), der Pavillon für die Weltausstellung in Brüssel von Karl Schwanzer (1958) sowie das Böhler-Haus von Roland Rainer (1956–58) genannt.

Jahrzehnte später fiele eine derartige Liste relevanter Bauten selbstverständlich umfassender aus, und man ist geneigt, selbst dem muffigen Mittelmaß eine etwas zweifelhafte Ehre zu erweisen. Doch obwohl die Architektur der Fünfzigerjahre heute auch in Österreich einen gewissen Nostalgie-Bonus genießt, lässt der Umgang mit den Hinterlassenschaften dieser Zeit immer noch zu wünschen übrig. Einige bedeutende Beispiele wie etwa die DDSG-Anlegestelle von Eugen Wachberger in Linz (1955–56) oder das Café Arabia von Oswald Haerdtl am Kohlmarkt in Wien (1951) sind längst Neubauten gewichen, andere wie etwa das seit Langem leer stehende Josef-Afritsch-Heim von Adolf Hoch, Rudolf J. Böck und Julius Bergmann (1949/50) in Wien-Hietzing warten noch immer vergeblich auf Fürsprecher.

Mit dem dorfartig aufgelockerten Strandbad Gänsehäufel, einer in die Aulandschaft gesetzten Struktur aus orthogonal strukturierten Kabinenpavillons und Kabanenhäuschen war es der Stadt Wien gelungen, inmitten allgemeiner „Beschädigung" ein starkes optimistisches Signal zu setzen. Der Uhrturm mit der charakteristischen Treppenspirale zierte damals nicht nur die Titelseiten zahlreicher Zeitschriften, sondern

Parlament, Stiegenhaus

Strandbad Gänsehäufel, Detail

besaß auch die Symbolkraft eines kulturpolitischen Wahrzeichens, das – unbewusst – schon auf den Hedonismus und wirtschaftlichen Aufschwung der kommenden Jahre verwies. Der in Sichtbeton errichtete Turm galt zudem als technische Meisterleistung des Betonbaus und erstaunt auch heute noch durch seine feine Schalungsstruktur, für die die Architekten umfangreiche Schalpläne anfertigen ließen. „Die Schalung erinnerte mehr an eine Buchbinder-, als an eine Zimmermannsarbeit", konstatierte ein Ingenieur bei der 2004 durchgeführten Betonsanierung.

Die elegante Gehlinie der Treppe und die zarten Rundstäbe des Geländers können als Chiffre eines Jahrzehnts angesehen werden, das sich bei repräsentativen Gebäuden der inszenatorischen Komponente des Treppensteigens (Treppenbeschreitens) noch bewusst war. Die häufig als Freitreppen ausgeführten Treppen der Fünfzigerjahre – ob nun halbgewendet, viertelgewendelt oder geradläufig mit Zwischenpodesten – stellen nicht bloß die utilitaristische Verbindung zwischen zwei Geschoßen her, sondern waren sowohl im Außen- wie auch im Innenbereich ein sichtlich beliebtes „Würdemotiv".

Runde, ovale, hufeisenförmige Treppenaugen knüpfen an die große Tradition barocker bis frühmoderner Stiegenhäuser (etwa von Otto Wagner) an, werden erst in der kommenden Ära dumpfer Stahlbeton-Fertigteiltreppen zur Rarität.

In den Fünfzigerjahren scheint die Treppe noch eine Art metafunktionalistisches Bauglied mit Esprit gewesen zu sein, das „Bewegung" möglichst leicht und luftig verkörpern wollte. Viele dieser Treppen strahlen eine außergewöhnliche Frische, Fragilität und Verspieltheit aus, als drehe sich alles um sie – als ziehe gerade hier der gesamte Gestaltungswille einer Zeit unaufdringlich seine Kreise.

Strandbad Gänsehäufel, Uhrturm mit Treppenspirale

Ein Nachruf auf Thermolux, Durofol & Co
Denn ihre Werke folgen ihnen nach. (Joh, Off)
Martina Griesser-Stermscheg

Parlament, Couloir

„Wie man etwas so Hässliches so schön fotografieren kann." Das Hässliche, das plötzlich zum Schönen mutiert war, ist der Plenarsaal des Österreichischen Nationalrats (1955/56) im Wiener Parlament. Für die Mutation zeichnet Stefan Oláh verantwortlich. Anonym bleiben soll der Rezipient. Die Fotografien von Stefan Oláh haben Bildungswert. Mehr noch: Sie tragen offensichtlich dazu bei, den Blick zu verändern und Vorurteile zu revidieren. Stefan Oláh verbildlicht komplexe dreidimensionale Architekturgebilde und erleichtert durch die fotografische Metamorphose ins Zweidimensionale deren Entschlüsselung. Er macht subtile Gestaltungen sichtbar. Ein Beispiel dafür ist der Einblick in das Couloir des Plenarsaals (Abb. S. 134). Der sanfte Schwung der Nussholz-Vertäfelung, im hastigen Vorübergehen meist unbeachtet, wird erst durch die Fotografie in seiner Eleganz und handwerklichen Raffinesse begreifbar. Die vorgegebene Bildgrenze führt paradoxerweise zu einer Erweiterung der Wahrnehmung. Stefan Oláh führt unseren Blick durch den Raum, ohne zu verführen. Und wenn er im Interview mit Wojciech Czaja behauptet, dass die Fünfzigerjahre für ihn eine Epoche wie jede andere seien, meint er das auch so. Er praktiziert Architekturanalyse, ohne ein Fachbuch darüber zu schreiben. Ohne Worte leistet er eine Neubewertung von Vorhandenem, sein Kommentar fällt rein visuell aus. Er schafft damit Barrierefreiheit für LaiInnen und ExpertInnen, ungeachtet jedes Vorwissens. Architektur – ihrem Wesen nach eine ständig Getriebene im Kampf zwischen Form und Funktion, immer dem praktisch notwendigen Kompositionssatz in der Polyphonie unterschiedlichster Ansprüche unterlegen – braucht Vermittlung. Vor allem dann, wenn es ums Überleben geht. Denn die architektonischen Reste der Fünfzigerjahre haben es in Österreich nicht leicht. Anders als bei historischen Bauten werden bewährte Praktiken des Denkmalschutzes infrage gestellt und ungewöhnliche Szenarien der Erhaltung, Umnutzung oder aber Zerstörung beobachtet. Den Wiener Südbahnhof (1955–61) haben wir kürzlich zu Grabe getragen.

Parlament, Gang

Es folgen Auszüge aus den „Nachlass-Inventaren" zweier bedeutender Bauten der Fünfzigerjahre, dem 20er Haus (Karl Schwanzer, 1958/62) und dem Plenarsaal des Nationalrats im Parlament (Max Fellerer & Eugen Wörle, 1955/56), sicher eine der wichtigsten Lösungen des Wiederaufbaus. Das 20er Haus wurde 1958 bei der ersten Weltausstellung nach dem Zweiten Weltkrieg in Brüssel als österreichisches Export-Produkt preisgekrönt. Postulat war die klare Abgrenzung zur faschistischen Architektur. Nach seiner Transferierung wurde der Pavillon 1962 als Museum Moderner Kunst in Wien wiedererrichtet. Über den Plenarsaal schreibt Roland Rainer in „Der Bau" (8/1956, S. 170): „Von den Fachleuten leider viel zu wenig beachtet, ist kürzlich im Parlament auch der große Plenarsaal fertiggestellt worden – inmitten der feierlichen Architektur Hansens ein Konzept aus modernem Geist, ein Saal der Arbeit, ernst und klar, fast durchsichtig, sachlich und höchst gediegen. Die Architekten […] haben eine Ausführungsqualität erreicht, wie man sie eindrucksvoller lange nicht gesehen hat. […] Wir freuen uns dieses wohlgelungene Werk hier zeigen zu können. Es wird dazu beitragen das Vertrauen zur modernen Architektur zu stärken." Roland Rainers Hoffnungen sollten sich nicht erfüllen. Der Plenarsaal wartet derzeit auf seinen im Nationalrat beschlossenen Umbau. Das 20er Haus wurde 2008 bis auf sein Stahlskelett entmantelt, um 2011 als „modifizierte Rekonstruktion" wieder eröffnet zu werden. In beiden Fällen war das Institut für Konservierung und Restaurierung der Universität für angewandte Kunst Wien im Vorfeld mit der Erfassung des bauzeitlichen Bestandes beauftragt worden. In beiden Fällen war Stefan Oláh mit der Fotodokumentation betraut. Kopfzerbrechen während der Arbeit … Was kann dokumentarische Fotografie leisten, was nicht? Gibt es Standards? Wie können wir versichert sein, einen möglichst „objektiven Blick" zu wahren? Wer weiß, welche Aspekte dieses Baus spätere Generationen interessieren werden? Wie gehen wir persönlich mit der Verantwortung um, etwas zu dokumentieren, das mit Sicherheit bald verschwunden sein wird? Leisten wir dadurch Sterbehilfe bei einem todgeweihten Objekt? Und dann ist da noch das Damokles-Schwert des Termins, an dem die Umbau- oder Abrissarbeiten beginnen werden. Die gemeinsame Formulierung von verbindlichen Parametern zur Dokumentation lieferte in beiden Fällen ästhetisch anspruchsvolles Bildmaterial, das bei hohen wissenschaftlichen Anforderungen ein Maximum an Informationen über Kontext, Charakter, Funktion, Konstruktion, Technologie, Texturen und Oberflächengestaltungen enthält. Als dauerhafter Datenspeicher erlaubt die Fotografie (bei entsprechender konservatorischer

Verwahrung des Bildmaterials) auch noch in ferner Zukunft Auswertungen im Hinblick auf vielerlei Fragen.

Was uns insbesondere beschäftigte, war die grundsätzliche Dokumentierbarkeit der verwendeten Materialien, ihrer spezifischen Struktur- und Oberflächenwirkung, kurz – ihrer „Materialität". Was ambitionierte KollegInnen in groß angelegten Baustoffarchiven (beispielsweise im Bauhaus-Archiv Dessau oder im Materialindex Moderner Architektur in der Slowakischen Akademie der Wissenschaften Bratislava) durch das sorgfältige Sammeln von Materialproben versuchen, soll in unseren Fällen die Fotografie im schriftlich kommentierten Materialien-Katalog leisten. Ein Ziel besteht darin, das meist unreflektiert geäußerte Vorurteil gegen die angeblich so „schlechte Qualität" der Materialien der Nachkriegszeit zu entkräften. Die naturwissenschaftlich orientierten Materialwissenschaften liefern durch entsprechende Untersuchungen grundlegende Informationen zur Materialidentifikation. Komplexer fällt hingegen die kultur- und sozialhistorische Deutung der zeitgenössischen Materialästhetik und -semantik aus. Die Materialpalette reicht von traditionellen Baumaterialien wie Stein oder Holz bis hin zu sogenannten „Neomaterien". Das sind „geschichtslose" Werkstoffe ohne naturgeschichtliche Vergangenheit. Sie sind vom Menschen produziert und meist „modern" konnotiert, beispielsweise Beton, Glas, Chrom oder Kunststoff. Für deren Rezeptionsgeschichte schlägt die aktuelle Forschung zur Materialsemantik, angeführt von der deutschen Kunsthistorikerin Monika Wagner, eine Unterscheidung zwischen „materiellem Material" und „immateriellem Material" vor.

Letzteres hat Erklärungsbedarf. Machen wir hierzu einen Besuch im alten 20er Haus. Betrat man über die großzügigen (nicht mehr erhaltenen) Freitreppen das Obergeschoß, tat sich ein völlig neues Raumgefühl auf (Abb. S. 48). Durch die umlaufende Verglasung des Ausstellungsraumes entstand ein „immaterieller Lichtraum", in dem die Raumecken auf den ersten Blick verschwanden; ein Raum, der beim Betreten physische Irritation verursachte, und Zeit und Raum vergessen ließ. Durch die opaken Fensterflächen drang das Licht von allen Seiten gleichmäßig ein. Orientierung verschafften der Boden, die mittig angesetzten Geländer der Galerie sowie die dominanten Stützen, welche den quadratischen Grundriss kennzeichneten. Bei der Verglasung handelte es sich um eine sogenannte „Thermolux"-Verglasung, welche sich aus einer Doppelverglasung mit einer lichtstreuenden Zwischenlage bildet. Materialanalysen (FTIR) ergaben, dass es sich bei dieser Zwischenlage

Parlament, Gang

Südbahnhof, Bahnhofshalle

um Polyestervlies handelt. Außerdem liegt eine isolierende Kapillarplatte zur Erhöhung der Wärmedämmung aus Polymethylmethacrylat dazwischen. Das Ergebnis im Innenraum ist diffuses, bemerkenswert gleichmäßig gestreutes Licht, das sich aus dem Zusammenspiel des Schichtenpaketes ergibt. Die Wirkung des Materials, also die optische Überwindung der baulichen Grenzen, ist hiermit physikalisch erklärt. Auf dem Foto wirkt der Raum schattenlos, unwirklich, fast überirdisch. Die Frage kommt oft: Ist das etwa ein rendering, eine bildliche Manipulation? Nein, ist es nicht. Es ist Schwanzers Konzept und des Fotografen Sensibilität geschuldet, den immateriellen Charakter eines Materials einzufangen.

Lichtwände und Lichtdecken begegnen uns vielerorts in öffentlichen Bauten der Fünfzigerjahre. Die Tageslichtdecke am Südbahnhof erhellte die Halle ehemals wohl eindrucksvoll. Ihren Zustand vor dem Abriss des Bahnhofs bildete Stefan Oláh 2010 ab (Abb. links). Wie lange die Österreichischen Bundesbahnen (ÖBB) die Innenverglasung der Schalterhalle nicht reinigen ließen, weiß man nicht. Jahrzehnte? Jeder weiß aber: Wird ein Glasdach nicht gepflegt, verschmutzt es, verliert an Transparenz und damit seine Funktion – den Lichteinfall. Das gilt gleichermaßen für historische Bauten wie für jene der Nachkriegszeit. Die Vernachlässigung in Wartung und Pflege ist dem Besitzer beziehungsweise Verwalter anzulasten, und nicht dem Bauwerk selbst. Das klingt logisch, ist aber nicht selbstverständlich. Bauschäden durch mangelnde Wartung dienen oft als Vorwand, um das Vorurteil gegen die „schlechte Qualität" der Nachkriegsbauten weiter zu schüren und profitable Neubauten zu rechtfertigen. Ein gutes Beispiel dafür, wie die Pflege über die Zeiten führt, zeigt uns Stefan Oláh im Inn-Kraftwerk Imst in Tirol (1953–56), wo die monumentale Lichtwand zwischen Berg und Turbinenhalle dank kontinuierlicher Wartung bis heute überlebt hat und funktioniert (Abb. S. 90).

Der Einsatz unterschiedlicher Lichtfarben ist ein nicht wegzudenkendes atmosphärisches Gestaltungsmittel der Fünfzigerjahre. Licht stand für Zuversicht, Modernisierung, Fortschritt, zuweilen sogar Luxus (lux = Licht). Der spielerische Umgang mit Licht-Bausteinen im Wandmosaik des Wiener Gartenbaukinos (1960) verrät formstrengen, jedoch auch großzügigen Optimismus im neuen Anspruch auf Eleganz im Entertainmentbereich (Abb. S 94). Die ehemalige VIP-Lounge des Südbahnhofes – eines der berührendsten Fotos von Stefan Oláh – zeigt einen leeren, verlassenen Raum (Abb. S. 5). An der Wand erinnert eine Österreich-Landkarte an das neue Österreich-Bild der jungen Zweiten Republik. Kurz vor dem Abbruch des Südbahnhofs vermittelt nur noch der Kristallluster an der Decke das einst so noble Ambiente dieses hochrangigen Transitraums. Der Luster gleicht in Form und Qualität übrigens dem im Zimmer des Bundespräsidenten gegenüber der Präsidentenloge im Plenarsaal des Parlaments (Abb. S. 138). Diese quaderförmigen Luster entsprechen nicht der traditionellen, feudalen Kronleuchter-Form wie etwa bei der zeitgleichen Ausstattung der Wiener Staatsoper. Sie sind vielmehr für indirekte Beleuchtung konzipiert: Die Lichtquelle wird einerseits verdeckt, aber gleichzeitig durch die Kristalle tausendfach vervielfacht. Drei unterschiedliche Schliffe der Kristallkugeln führen beim Luster im Präsidentenzimmer zu einem eindrucksvollen Patchwork an unterschiedlich gebrochenem Licht mit aber nur einer Lichtquelle – ein gestalterisch wertvolles und energiesparendes Konzept zugleich. Im Couloir und im Saal selbst mischen sich künstliches und natürliches Licht. Diese „Mischlicht-Ästhetik" wurde von den Architekten bewusst durch die Platzierung der quadratischen Kristall-Wandleuchter zwischen den Fenstern bzw. Doppeltüren angestrebt. Die Dokumentation von Lichtkonzepten in ihrer zeitgenössischen, auch symbolischen Intention ist heute mehr denn je notwendig. Denn der flächendeckende Siegeszug der Energiesparlampe hat begonnen. Wir haben uns an einen kühlen Einheitsbrei gewöhnt und scheinen bereits zu vergessen, wie ein raffiniertes Spiel mit unterschiedlichen Lichtquellen und Lichtfarben, vor allem aber die geschickte Kombination von Tages- und Kunstlicht, auch zu Nachhaltigkeit im Energiehaushalt beitragen kann. Denn die Notwendigkeit zum sparsamen Umgang mit Energieressourcen war durch den Zweiten Weltkrieg und seinen bitteren Folgejahren in den Köpfen der Zeitgenossen fest verankert – und das trotz des Repräsentationsdrucks der Wiederaufbauzeit. Für den ökonomisch-ökologischen Umgang mit Beleuchtung ist der Plenarsaal des Nationalrats ein einleuchtendes Beispiel. Ein zweischaliges Dachsystem erstreckt sich über den gesamten Saal. Das Außendach ist als Satteldach konzipiert, die Innenhaut ist als abgehängte, flache Decke ausgebildet, die wir als Zierlichte von innen wahrnehmen (Abb. S. 172). Zwischen den Dachschalen befindet sich im Raster der Stahlträger eine Reihe von Leuchtstoffröhren, die an Sitzungstagen bei Einbruch der Dämmerung eingeschaltet werden: Im Plenarsaal wird es nie Nacht. Durch das künstliche Oberlicht verliert man besonders „bei abendlichen Sitzungen jedes Zeitgefühl", berichtet eine Abgeordnete. Ein Saal der Arbeit, ernst und klar – wie es Roland Rainer eingangs formulierte. Das Glasdach bestimmt maßgeblich die Ästhetik und Atmosphäre des Plenarsaals. Das Tageslicht fällt vertikal von oben

Südbahnhof, Gang

Parlament, Dachbereich

ein. Dieses sogenannte Zenit-Licht bringt die größte Lichtausbeute an den Tischen der Abgeordneten. An einem trüben, regnerischen Tag konnten bis zu 800 Lux in den Abgeordnetenreihen gemessen werden. Aktuelle Normenwerke empfehlen für Büro- und Schreibarbeiten 500 Lux. Bei der Verglasung der Außenhaut handelt es sich um das sogenannte „Eberspächer-System", ein kittloses Verglasungssystem der Glasdachfabrik J. Eberspächer. Die Glasfelder der Zierlichte sind, um das Gewicht der Decke gering zu halten, in einem Rahmen aus Aluminium eingefasst. In einem Sandwich-System liegen zwischen zwei Tafelgläsern wiederum zwei gekreuzte Lagen von plissiert gelegten Polyamid-Folien. Das Schichtenpaket ist mit einem umlaufenden Dichtungssteg luftdicht verbunden. Es handelt sich also um Isolierglasscheiben, welche in den Fünfzigerjahren erstmals am Markt auftauchten. Nach Prüfung von Parametern wie Wärmeleitzahl, Lichtdurchlässigkeit, Schalldämmung und Kondenswasserbildung wurde das Produkt „DIG spezial" für die Verglasung der Zierlichte gewählt. DIG steht als Abkürzung für „Deutsches Isolier-Glas", das von der Firma „Detag", der Deutschen Tafelglas AG, produziert wurde. Polyamidprodukte zeichnen sich durch hohe Strapazierfähigkeit und Festigkeit aus, sind aber nur bedingt UV-beständig.

Mit äußerst widerstandsfähigen Verbundstoffen, die sich auch nach einem Alterungsprozess von 60 Jahren nahezu unbeeinträchtigt präsentieren, haben wir es beim Mobiliar des Plenarsaals zu tun. Die aus Stahlrohr konstruierten Klappstuhlreihen der Besuchergalerie sind mit Sitz- und Armlehnen aus dem Kunstharzpressholz „Durofol", einem Produkt der deutschen Firma Bremshey & Co, ausgestattet (Abb. links). Kunstharzpressholz entsteht durch das Verbinden einer großen Anzahl von Furnieren, hier Schälfurniere aus Buchenholz. Die Furniere werden aufeinandergeschichtet, mit Phenolharz versetzt und über mehrere Tage durch Pressen unter Hitze verdichtet. In Wien ist Kunstharzpressholz in seiner Strapazierfähigkeit von der Bestuhlung der alten Straßenbahn-Garnituren bekannt. Die Oberflächengüte entspricht der von Metall, die Optik hingegen der von Holz. In seiner Pflege und Reinigung verhält es sich wie Kunststoff. Bei dieser Materialsynthese, in der die Vorteile von traditionellen und modernen Materialien gezielt kombiniert wurden, haben wir es – aus Sicht eines Zeitgenossen – mit einem extrem „modern" konnotierten Material zu tun. Ähnliches gilt für die charakteristischen schwarzen Tischplatten im Plenarsaal (Abb. S. 133), die aus „Formica" bestehen, einem britischen bzw. amerikanischen Produkt, im deutschsprachigen Raum besser unter dem Namen „Resopal" bekannt. Der Schichtstoff gehörte ab den Fünfzigerjahren in vielen Küchen zur neuen Standardeinrichtung. Nicht zufällig, denn das Material zeichnet sich durch Hitze- und Wasserbeständigkeit, Härte, Kratzfestigkeit und Glanz aus. Es ist lichtbeständig und unschmelzbar. Bei beiden im Plenarsaal verwendeten Harzen (Phenol- und Melaminformaldehydharzen) handelt es sich um duroplastische Kunststoffe, die durch Polykondensation gebildet werden. Der hohe Grad der Vernetzung während des Aushärtens führt zu den guten physikalischen Eigenschaften. Die einzelnen Schichten, die mehrere Tage bei hohem Druck gepresst werden, prägen auch die Optik des Materials. Im Plenarsaal sollte zwar schwarzes Edelholz imitiert werden, aber bessere physikalische Eigenschaften, Härte und Strapazierfähigkeit langfristig gewährleistet sein. Diese Anforderung ist heute wie damals erfüllt. Die hochglänzenden, den Umgebungsraum und die Zierlichte spiegelnden Tischplatten sind zudem ein modernes Zitat der schwarzen Pultleder im Historischen Sitzungssaal. Es ist dies längst nicht das einzige Beispiel, wo die Architekten Fellerer und Wörle einen respektvollen Umgang mit der historischen Bausubstanz von Hansen bewiesen.

Es gab aber noch einen Mann, der Erwähnung finden sollte. Für die Planung der Raumakustik im Plenarsaal war der Akustiker Friedrich Bruckmayer zuständig, Autor des lange gültigen Standardwerks „Handbuch der Schalltechnik im Hochbau" (1962), in dem auch das akustische Konzept für den Plenarsaal vorgestellt wird. Von Bruckmayer wurde für die Ausführung der Zierlichte ursprünglich ein Akustikglas von der (uns bereits aus dem 20er Haus bekannten) Marke „Thermolux" vorgeschlagen, das im Plenarsaal aus zwei Deckscheiben – eine davon aus gelochtem Acrylglas – mit Zwischenlagen aus Glaswolle und Zellophan bestehen sollte. Dieser Vorschlag wurde jedoch aus Kostengründen abgelehnt. Abgesehen davon sollte Bruckmayer die Wahl der Ausstattungsmaterialien und die Anordnung der Möbel im Saal jedoch wesentlich beeinflussen. Beispielsweise dienen die Unterseiten der Klappsitze zur Absorption von Schall. Sind also die Plätze nicht besetzt, so übernehmen die Sitze die schallabsorbierende Funktion, welche ansonsten die Abgeordneten erfüllen würden. An manchen nur zögerlich besuchten Sitzungstagen ist dies sicher von Vorteil. Die herausragendste Leistung jedoch brachte Bruckmayer mit dem „Kopenhagener System" im Plenarsaal ein. Für die Radio Music Concert Hall in Kopenhagen (1934–1945) entwickelt, kam es in der Royal Festival Hall London (1951) und nach den Entwürfen Bruckmayers beim Wiederaufbau des Stadtsaalge-

Wien Museum, Direktionsbüro

Wien Museum, Wandschrank

bäudes Innsbruck (1954) zum Einsatz. Hinter der lamellenartigen Holzvertäfelung befindet sich ein Schallschlucksystem bestehend aus auf Holzrahmen gespannten Stoffbahnen, zwischen denen eine dicke Schicht von Glaswolle liegt. Der Wiener Kunsthistoriker Andreas Lehne merkte jüngst dazu an: „Die vertikale Stabstruktur der Wandverkleidung hat aber nicht nur die Funktion, den Schall zu absorbieren. Obwohl die sympathische warme Anmutung des Holzes spürbar ist, wurde doch der ‚repräsentative', etwas altväterische Charakter einer traditionellen Holzvertäfelung vermieden. Die in ihrer Regelmäßigkeit fast technoid wirkende Oberflächentextur sollte den Eindruck ‚zeitloser Modernität' vermitteln." Die Stabstruktur des Holzes erinnert an Lamellenbleche – meist aus gelb eloxiertem Aluminium – wie wir es von vielen Geschäftsportalen dieser Zeit, oder aber aus dem Wien Museum (1959) kennen.

So gäbe es noch Vieles zu berichten zu den baulichen Zeugnissen der Wiederaufbauzeit, die Stefan Oláh für uns dokumentiert hat. Denn ihre Werke sollen bleiben. Und an eine Zeit erinnern, in der man an eine bessere Welt glaubte.

P.S.: Kurz vor Redaktionsschluss hörte ich vom Plenarsaal des niedersächsischen Landtags in Hannover (Dieter Oesterlen, 1957–62), dessen Abriss 2011 nicht zuletzt durch großes „bürgerschaftliches Engagement" verhindert werden konnte.

Als wesentliche Quellen für diesen Beitrag dienten zwei unveröffentlichte Projektberichte der Universität für angewandte Kunst Wien/Institut für Konservierung und Restaurierung (Leitung Univ.-Prof. Dr. Mag. Gabriela Krist):
Konservatorische Bestandsdokumentation – 20er Haus (2008). Mitwirkende Studierende: Jasmin Abfalter, Carole Breckler, Josef Cepelka, Andrea Friedl, Pina Klonner, Martina Markovska, Maria Perwög, Julia Wechselberger. Lehrende: Dr. Martina Griesser-Stermscheg, Univ.-Lekt. Stefan Oláh, VL Tanja Bayerova. Im Auftrag des BDA/LK Wien.
Konservatorische Bestandsdokumentation – Plenarsaal des Österr. Nationalrats im Parlament (2010) / Vordiplom Johanna Wilk. Mitwirkende Studierende: Anne Biber, Elisabeth Geijer, Ines Gollner, Susanne Heimel, Anna-Maria Pfanner, Johanna Wilk, Henriette Wiltschek. Lehrende: Dr. Martina Griesser-Stermscheg, Univ.-Lekt. Stefan Oláh, Dipl.-Rest. Mag. Simon Klampfl. Im Auftrag der Parlamentsdirektion.

Dank an die Verantwortlichen bzw. Eigentümer für das
Entgegenkommen bei den aufwändigen Fotoaufnahmen

und an
Nike Eisenhart, Martina Griesser-Stermscheg, Sebastian Hackenschmidt,
Gabriela Krist, Georg Oberlechner, Krzysztof Wolczak

digital imaging:malkasten vienna

Diese Publikation wurde durch das bm:uk
Bundesministerium für Unterricht, Kunst und Kultur
und die Kulturabteilung der Stadt Wien,
Wissenschafts- und Forschungsförderung unterstützt.

Impressum

Bibliografische Information der Deutschen Nationalbibliothek
Die Deutsche Nationalbibliothek verzeichnet diese Publikation
in der Deutschen Nationalbibliografie; detaillierte bibliografische
Daten sind im Internet über http://dnb.d-nb.de abrufbar.

© 2011 Verlag Anton Pustet
5020 Salzburg, Bergstraße 12
Sämtliche Rechte vorbehalten.

Herausgeber: Stefan Oláh

Grafik, Satz und Produktion: Tanja Kühnel
Redaktion und Lektorat: Anja Zachhuber

Coverfoto: Sender Bisamberg
Seite 5: Südbahnhof Wien, Sonderfahrgastraum
Seite 10: Kammerspiele Linz, Foyer
Seite 175: Parlament Wien, Garderobe
Cover Rückseite: Passionsspielhaus Erl, Außenansicht

Druck: Druckerei Theiss, St. Stefan im Lavanttal
Gedruckt in Österreich

ISBN 978-3-7025-0649-0

www.pustet.at